10대부터
마음을
지키는 연습

20년 학교 상담사의 현실적인 마음 처방전!

10대부터 마음을
지키는 연습

다니모토 에미 지음 | 송지현 옮김

또다른우주

안녕하세요?

이 책은 인간관계를 본격적으로 맺기 시작하는 청소년기부터 '내 마음을 지키는 기술'을 연습하기 위한 책입니다.

저는 35년 경력의 심리상담사로서 그중 20년간은 학교 상담사로 일했습니다. 그동안 '이건 정말 중요해', '효과적이야'라고 느낀 '마음을 지키는 방법'을 엄선해서 소개하고자 합니다.

요즘은 인터넷과 SNS가 발달해 전 세계에 있는 누구와도 언제 어디서나 쉽게 이어질 수 있습니다.

아주 편리한 세상이 되었어요. 하지만 한편으로 고민할

일도 많아졌습니다. 우리는 늘 누군가와 비교하면서 나 자신이 어떤 사람인지 자주 잊어버립니다. 얼굴도 모르는 사람이 별생각 없이 쓴 댓글 때문에 말썽에 휘말리기도 하죠.

우리는 자기 마음을 지키는 방법에 대해 모르는 무방비한 상태라면 상처 입고 우울해지기 쉬운 시대를 살고 있습니다.

이처럼 아주 쉽게 다른 사람과 이어지는 시대, 동시에 상처받기 쉬운 시대를 살고 있는 우리에게 필요한 것은 자기 마음을 지키는 기술을 알고, 다른 사람과 나 사이의 적절한 거리감을 배우는 것이라고 생각합니다.

하지만 학교에서는 마음을 지키는 방법을 가르쳐주지 않습니다.

글자 읽는 법, 덧셈, 뺄셈과 마찬가지로 자기 마음을 지키는 법도 살아가는 데 중요합니다. 때로는 생명을 구하기도 하는 중요한 기술이지만 아무도 알려주지 않아요. 그래서 많은 사람이 마음에 상처를 받았을 때 어떻게 해야 하는지 모른 채 허둥거리며 고민을 키웁니다.

자신과 타인의 거리감에 대해 이제까지 생각해 본 적 없는 사람, 말하자면 이제 막 어른의 문턱 앞에 서 있는 청소년이 읽어도 이해할 수 있도록 자기 마음을 지키는 기술을 기초부터 알기 쉽게 설명하는 것이 이 책의 목적입니다.

마음을 지키는 기술은 나이와 관계없이 필요합니다. 10대부터 어른까지 사회생활을 하는 모든 이들이 이 책에서 삶이 좀 더 편해지는 실마리를 찾을 수 있기를 바랍니다.

마음을 지키는 기술을 익히면 자기도 모르게 '나 같은 건······'이라고 생각하고 침울해지거나, 남에게 휘둘려서 기운이 빠지는 일이 줄어들 겁니다.

그뿐만이 아니에요. 타인과 기분 좋은 거리감을 지키는 법을 알게 되면 주위 사람과 갈등을 겪는 일이 줄어들고 관계가 개선될 수 있습니다.

이 책은 '대화 형식'으로 진행됩니다.
저와 이야기를 나누는 사람은 이 책의 편집자 K입니다. 귀여운 캐릭터로 등장한답니다.

"요령 없이 고민을 끌어안는 타입이에요……."

K는 자신을 이렇게 생각합니다. '좀 더 편하게 살 수 있는 방법을 알고 싶다'며 제게 연락해 왔어요.

K는 저와 대화하면서 고민을 쌓아두는 사람들이 무의식 중에 저지르는 실수나 착각을 자신 역시 하고 있다는 것을 깨닫습니다. 그럴 때마다 머리를 감싸고 낙담하죠.

하지만 자기 마음을 지키는 기술을 배우고, '요즘 마음이 아주 편해요. 고민이 있어도 연연하지 않게 되었거든요'라며 이 책이 완성되기 조금 전에 밝은 표정으로 말했어요.

K가 되었다고 생각하고 읽어 나가면 이 책을 훨씬 더 깊게 이해할 수 있을 거예요.

자, 이제 여러분의 마음을 지키는 연습을 시작합니다.
매일 하나씩 익히는 마음의 기술은 하루 10분이면 읽을 수 있는 분량입니다.
편안한 마음으로 가볍게 읽어주세요.

차례

제5장 삶이 편해지는 작은 습관

등장인물

 심리상담사 다니모토 에미
상담사 경력 35년, 학교 상담사 경력 20년의 베테랑 상담사.
반려견, 반려묘와 함께 살고 있다.

 편집자 K
고민이 많은 편집자. 고등학생 때 좌절을 겪은 경험이 있다.
집에서 쉬거나 동네를 산책하는 것을 좋아한다.

제1장

나와
잘
지내는 법

24시간 내내 함께 살아도 잘 모르는 것이 '나'라는 존재입니다.

나와 좀 더 편하게 지내려면 어떻게 해야 할까요?

자신을 믿는다는 것은 어떤 걸까요?

1일
고민하는 건 나쁜 걸까?

'마음의 기술'을 배우면 삶이 편해진다

 이제부터 조금은 성가신 '마음'에 대해 선생님과 공부하려고 합니다. 선생님, 잘 부탁드려요.

 저도 잘 부탁드립니다. 이 책은 제목에 '10대부터'라는 말이 들어가네요. 왜 그런가요?

 중학생이나 고등학생 때 제게 심리학이나 인간관계에 대한 지식이 있었다면 얼마나 좋았을까, 늘 그렇게 생각해 왔거든요.

그때 무슨 일이 있었나요?

 벌써 옛날 일이 되었지만, 저는 제 실력보다 높은 고
등학교에 추가 합격으로 들어갔어요. 입학하자마자
낙오자가 되었죠. 반 아이들에게 바보 취급당한 적
도 있었고요…….

 저런, 세상에.

 게다가 그 고등학교에는 공부는 물론이고 운동까지
잘하는 아이들이 넘쳐났어요. 중학생 때는 제가 공부
도, 운동도 잘하는 우등생인 줄 알았는데 자신감을 완
전히 잃고 말았어요……. 주위의 시선을 너무 신경 쓰
다 보니 친구도 거의 사귀지 못했어요. 고등학교 3년
을 어떻게 보내야 하나, 눈앞이 캄캄했죠.

 정말 힘들었겠어요.

 지금이야 웃으며 이야기할 수 있지만, 그때는 정
말……. 지금 편집자로서 다른 사람의 고민이나 삶
을 주제로 한 책을 만들며 이런 생각을 할 때가 있어

요. 만약 중고등학생 때 내가 마음에 대한 지식이 있었다면 그렇게 괴로워하지 않았을지도 모르는데, 하고요.

 저는 20년째 학교 상담사로 일하고 있어요. 청소년들과 이야기하면서 그들이 마음에 대한 최소한의 지식이나 '기술'을 필수적으로 익혀야 한다고 느껴요. 요즘은 SNS 같은 것 때문에 상처받는 일도 예전보다 더 많아졌으니까요.

 기술이요……? 사람의 마음은 '태어날 때부터 주어지는 것'이 아닌가요? 그런 마음을 지키는 기술을 누구든 익힐 수 있다고요?

 네, 물론 바뀌지 않는 부분도 있어요. 하지만 마음에 관해 지식으로 배울 수 있는 것, 기술로 익힐 수 있는 것도 많답니다. 그래서 저는 '마음은 기술'이라고 생각해요. 이 책에서는 특히 '내 마음을 지키는 기술'에 대해 아주 기초적인 것부터 소개합니다.

고민은 성장 촉진제

 선생님은 지금까지 10대 청소년을 비롯한 많은 사람의 고민이나 불안을 들으며 어떤 것을 느끼셨나요?

 일단 고민하는 것 자체를 '좋지 않은 것', '나쁜 것'으로 생각하는 사람이 많아요. '나는 고민이 많아서 안돼, 나는 약해, 한심해', 이렇게요.

 고등학생 때 저도 그렇게 생각했어요. 어른이 된 지금도 고민이 심해지고 우울해지면 나도 모르게 자책할 때가 있어요.

 그렇게 자기를 탓하는 사람과 이야기할 기회가 있으면 저는 '고민하는 건 사실 훌륭하고, 아주 발전적인 자세이기도 합니다'라고 말해요.

 고민하는 게 발전적이라고요……?

 네, 우리는 고민하는 걸 부정적으로 생각하는 경향이 있는데 꼭 그렇다고 단정할 수는 없어요. 예를 들

18

어 보죠. 고등학생 때 어떤 일로 고민했나요?

 '수업을 못 따라가는 난 이제 끝장인가'라든가 '늘 의욕이 없는 나는 진짜 나약하다', 이런 거요.

 듣기만 해도 심각한 고민이네요. 그런데 예를 들면 '수업을 좀 더 잘 이해하고 싶어', '좀 더 의욕적인 사람이 되고 싶어'라고 다르게 표현할 수 있어요. 같은 상태를 말하면서도 이렇게 말하면 긍정적인 느낌이죠?

 어…….

 너무 앞서 나갔나요? 하지만 자신이 부족한 점에 대해 고민하는 것은 '좀 더 나은 내가 되고 싶다'는 마음이 반대로 나온 것이기도 해요. '나는 완벽하다', '고칠 데가 없다'라고 생각하는 사람은 애초에 고민하지 않아요. 고민하니까 사람은 성장하는 거라고 생각해요.

 하지만 나이를 먹어도 맨날 같은 일로 끙끙 고민해요. 어른이 된 지금도 '하나도 성장하지 못했네…….'

하고 생각할 때가 있어요.

 그럴 때는 과거를 잠깐 돌아보세요. 고등학생 때를 떠올려 보는 거예요. 그때 고민했던 것, 예를 들면 공부나 운동, 친구 때문에 지금도 똑같이 괴롭나요?

 (눈을 감고 떠올리며) 아니요, 똑같지는 않아요…….

 다른 것도 그래요. 지금으로부터 5년 전 봄에 어떤 일로 고민했는지 정확하게 기억할 수 있나요?

 5년 전 봄? 무슨 일이 있었나…….

 그때도 분명 뭔가 고민이 있었을 거예요. 내 안에서 벌어지는 일은 파악하기 힘든 법이지만, 고민은 조금씩 변하기도 하고, 어느샌가 별로 신경 쓰이지 않게 되기도 해요.

 계속 고민을 안고 있지만, 생각해 보니까 정말 고민의 내용은 변했어요. 그때는 큰 고민이었지만 지금은 사라진 것도 있고…….

그건 그때마다 스스로 문제를 해결하거나, 상황을 바꿨거나, 견디고 버텼기 때문이에요. 그렇게 오늘까지 살아온 나날을 돌아보며 자신이 '날마다 조금씩 성장했다'고 할 수 있지 않을까요?

 그렇게 생각해 본 적 없었어요…….

 지금까지의 인생을 조금 긴 호흡으로 돌아보세요. 그때마다 다양한 사정과 제약이 있었지만, 완벽하게는 아니어도 매일 최선을 다해 살아왔다는 걸 알 수 있을 거예요. '고민은 성장 촉진제'라고 생각한다면, 그냥 힘들기만 했던 세상이 달리 보일지도 몰라요.

 그렇게 생각할 수 있으면 정말 편할 텐데…….

 요즘 세상은 숫자나 결과가 큰 힘을 가지고 있죠. 어떤 사람을 그런 수치만으로 판단할 때도 많아요. 아무런 결과도 내지 못하는 내가 무가치하게 느껴지기도 해요. 성적으로 자기를 몰아붙이기도 하고, 못하는 나와 잘하는 주위 사람을 비교하며 괴로워하는 사람도 적지 않을 거예요.

유튜브나 SNS에는 저보다 훨씬 대단한 사람이 얼마든지 있어요. 남과 비교하면서 초조해지는 것 같아요.

 이런 시대니까 더욱 자신을 칭찬해야 하는지도 몰라요. 내 안에서 조금씩 바뀐 부분이나 작게나마 성장한 부분을 찾아서요.

 나를 칭찬한다? 하지만 어떻게요?

 그럼 다음에는 나를 칭찬하는 법에 대해 배워봅시다.

 아, 네…….

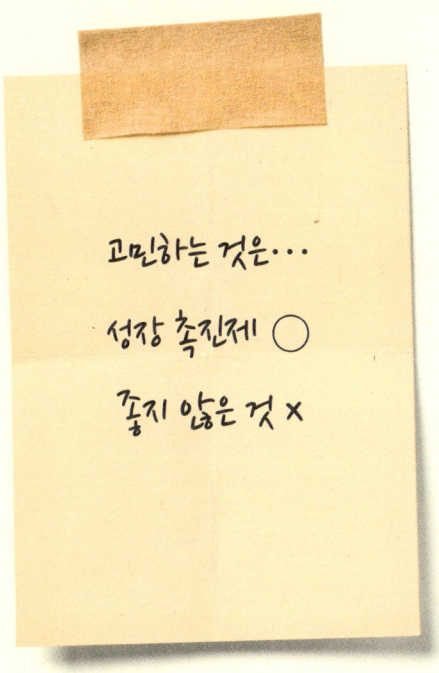

마음의 기술 1
과거를 돌아보며 내가 얼마나 성장했는지 실감힌다.

2일
나를 조금 칭찬해 본다

지금까지의 과정에 눈을 돌린다

 선생님이 말씀하신 대로 '나를 칭찬하기'에 도전해 봤는데요. 좀 쑥스럽고 어려웠어요…….

 실제로 해 보셨군요. 어떤 식으로 칭찬했나요?

 과거에 다른 사람이 잘한다고 했던 부분을 떠올리기도 했고, 남보다 내가 더 뛰어난 부분을 찾기도 했고……. 하지만 한 번도 남한테 크게 칭찬 같은 걸 받은 적이 없어요. 가슴을 펴고 '이거다!' 하고 자랑할 수 있을 만한 장점도 떠오르지 않고요. 나를 칭찬하려고 했는데 칭찬할 만한 게 아무것도 없다는 걸 깨닫고 오히려 우울해졌어요.

 나를 칭찬하려고 했는데 칭찬할 게 아무것도 없었다?

 네…….

 나만 그런 건 아니에요. 다들 비슷하죠. 나를 칭찬하려고 해도 보통은 '일반적인' 칭찬밖에 생각나지 않거든요.

 일반적인 칭찬이요……?

 지난번에 잠깐 말했던 '숫자'나 '결과'에만 주목하는 칭찬이에요. '달리기에서 1등을 했다', '성적이 좋아야 갈 수 있는 학교에 합격했다', '회사에서 승진했다' 같은 거죠. 목표를 달성했거나, 눈에 보이는 성과가 있거나, 다른 사람이 '대단하다'고 인정했거나. 이런 것에만 관심을 두는 칭찬이에요.

아아, 제가 한 칭찬이 바로 그런 거예요.

 우리는 어릴 때부터 여러 상황에서 숫자나 결과로 평가받아 왔어요. 나를 칭찬하려고 해도 같은 방식이 되는 건 어쩔 수 없죠.

 그럼 나를 어떻게 칭찬해야 할까요?

 숫자나 결과만 보지 말고, '과정'에도 눈을 돌려보세요. 지난번에 고등학생 시절 자신이 부족하다는 느낌을 받았다고 말씀하셨죠.

 네. 주위에는 우등생뿐이었어요. 남한테 자랑할 수 있는 숫자나 결과는 말 그대로 하나도 없었죠.

 숫자나 결과만 보면 그렇죠. 하지만 그런 괴로운 상황에서도 학교는 다녔어요.

 한 번도 빠진 적은 없었어요.

 정말 대단하다고 생각해요.

하지만 그냥 학교를 쉬는 게 무서워서 그런 거지, 강한 의지가 있었던 건 아니에요. '질 수 없다!' 같은 근성이 있었던 것도 아니고요.

 그렇군요. 그때는 그랬더라도 어른이 되어서 다양한 세계를 경험하고 나서 지금 다시 고등학생이었던 자신을 돌아보면 어떤 생각이 드나요?

 네? 음, 용케 3년이나 버텼구나, 그런 생각은 들어요.

 잘 버텼다는 생각이 들죠? 이런 식으로 과거를 돌아보고, 숫자나 결과만이 아니라 과정에도 눈을 돌리면 '난 의외로 잘하고 있구나' 하고 느껴지는 부분이 많이 있어요.

 나밖에 모르는 사소한 건데요?

 사소해도 괜찮아요. 비록 하나하나는 작아도, 주워서 모아 보면 제법 큰 덩어리가 되거든요. 갑자기 자기를 칭찬하려고 하면 벽이 너무 높을지도 몰라요. '과거를 돌아보고 그 안에서 과정에도 주목하며 나

의 작은 노력을 모아 본다' 정도의 느낌이라면 시도
할 만할 거예요.

자꾸 '남에게 자랑할 수 있는 실적을 올렸다', '좋은
학교에 들어갔다'처럼 외부에 드러낼 수 있는 걸로
자신을 칭찬하려고 하는데, 이미 내 안에 있는 작은
노력들을 발견하는 것이 그대로 나를 칭찬하는 일로
이어진다는 말씀인가요?

네, 맞아요. 비슷한 상황에서 학교를 그만두는 선택
을 한 사람도 있어요. 그 후 검정고시를 보고 일자리
를 얻어 자기 인생을 착실히 걸어갔습니다. 이것도
정말 대단하다고 생각해요. 그러니까 어떤 선택을
했든 자신을 칭찬해 주세요.

갑자기 시작하기는 좀 어렵네요…….

천천히 해도 된답니다. 과거를 돌아보면 힘들었던
때가 떠올라서 우울해질 수도 있어요. 하지만 우리
생활 주변에 보물이 잔뜩 잠들어 있습니다. 초조해
하지 말고 천천히 발굴해 갑시다.

저한테도 보물이 있을까요?

 물론 있어요. 나밖에 모르는 작은 노력을 모으다 보면 '부족한 부분도 많지만, 그런 것을 다 포함해도 나름대로 잘하고 있네' 하고 생각하게 될 거예요. 스스로가 사랑스럽게 느껴지면서 따뜻한 감정이 물씬 올라오죠.

나에게 주는 칭찬 선물

 선생님도 자신을 칭찬하시나요?

 물론이에요. 지금까지 살면서 얼마나 많이 칭찬했는데요. 작은 일, 사소한 일이어도 곧장 칭찬해 준답니다(웃음).

 예를 들면 어떤 일일까요?

 '아침에 잘 일어났다', '저녁밥을 맛있게 만들었다', '오늘은 기분 좋게 하루를 보냈다' 같은 거예요.

 죄송한데, 진짜 사소한 것들이네요(웃음).

 그렇죠(웃음). 이런 걸로 충분해요.

 또 어떤 걸로 자신을 칭찬해 보셨나요?

 저는 싱글맘이에요. 일하면서 세 아이를 키우고 있습니다. 정말이지 매일매일 보통 일이 아니지만, 가끔은 '어느새 아이들이 이렇게 컸네. 열심히 키웠어', '벌써 졸업식이구나. 또 여기까지 해냈어. 나도 참 대단해'처럼 혼잣말을 했어요.

 역시 과정에 주목하셨네요.

 네, 맞아요. 이런저런 사정이 있어도 너그럽게 지금까지 살아온 과정에 눈을 돌리면 '나도 제법 괜찮구나'라고 생각할 수 있어요. 처음에는 자기를 칭찬하는 게 쑥스러울지도 모르지만, 계속 나 자신에게 말을 거는 사이에 익숙해지고, 곧 습관이 됩니다. '열심히 산 나에게 주는 선물'이라는 말을 자주 쓰는데요. 물건만이 아니고 말로 하는 선물도 추천해요.

 선물, 진짜 좋아하거든요. 말로 하는 선물도 시도해볼까요?

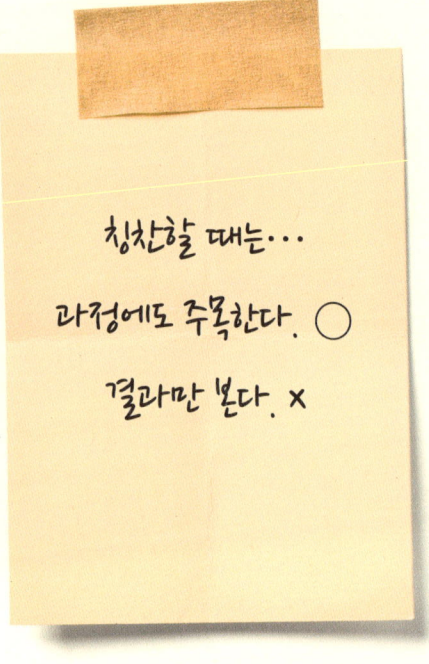

칭찬할 때는···
과정에도 주목한다. ○
결과만 본다. x

마음의 기술 2
작은 노력을 찾아 그때그때 칭찬해 준다.

3일
어떻게 해야 자신감이 생길까?

나를 있는 그대로 받아들이기

 '좀 더 자신감을 갖자', '저 사람은 자신 있어 보여' 같은 말을 자주 씁니다. '자신감이 있다'는 말을 들으면 어떤 사람이 떠오르나요?

 으음……. 예를 들면 님들이 감탄할 만한 성적을 내는 사람일까요? 결과를 내고 있으니까 나는 할 수 있다고 자기를 믿을 수 있고, 자기 생각을 당당하게 주장할 수도 있을 거 같아요.

그렇군요. 남들이 인정할 만한 성취가 있으면 나는 할 수 있다고 생각하기 쉽겠네요.

 역시 내세울 만한 게 없으면 자신감을 느끼기 어려운 것 같아요. 아, 말하면서 떠올랐는데 지난번에 이야기한, 자기를 칭찬하기랑 비슷하네요…….

 맞아요. 자기를 칭찬하는 것과 자신감을 갖는 건 비슷한 일이에요. 서로 이어져 있기도 하고요. 조금 전 자신감을 가지려면 남이 인정해 줄 만한 성취가 필요한 것 같다고 했는데, 그런 게 없어도 자신감을 가질 수 있어요.

 정말요?!

 네. 반대로 그런 성취, 숫자나 결과에만 기댄 자신감은 의외로 취약하답니다. 결과를 내고, 그래서 자신감을 얻은 사람이 어떤 문제가 생겨서 결과를 내지 못하게 된다면 어떻게 될까요?

 늘 잘하던 사람이 추락하면 충격이 클 것 같아요. 고

등학교에서 낙오자가 된 저처럼요……

 '나는 안 돼'라는 쪽으로 너무 쉽게 뒤집히죠.

 네. 그러면 어디에 의지해야 할까요?

 바로 지난번에 말씀드린 거예요. 과거를 돌아보고, 과정에도 주목하면서 작은 노력을 모아 보는 거죠. 한번 해 보셨나요?

 어색했지만, 일단 해 봤어요.

 기쁘네요. 실제로 과거를 돌아보니까 어땠나요?

 지금까지 눈길도 주지 않았던 것들, 완전히 잊고 있던 일들을 몇 가지 떠올렸어요. 그리고 아주 조금이지만 '의외로 잘해 왔을지도 몰라' 하는 기분이 들었어요. 선생님 같은 칭찬 고수가 보기에는 아직 갈 길이 멀겠지만……

 천천히 해도 괜찮아요. 그렇게 자기를 칭찬하는 일

에 익숙해지면 나의 좋은 점과 나쁜 점, 잘하는 것과 못하는 것, 성공과 실패, 강점과 약점, 미숙한 부분과 부족한 부분까지 자기 모든 것을 전부 합쳐서 '이게 나야'라고 생각할 수 있게 됩니다.

 내 모든 것을 전부…….

 이런 저런 우여곡절을 겪으며 지금까지 살아온 나를 있는 그대로 받아들이고 '내일부터도 어떻게든 해보자'라고 생각할 수 있는 게 '진정한 자신감'이라고 저는 생각해요.

 진정한 자신감……. 제가 이제까지 생각했던 것과는 다른 느낌이에요.

 과정에 주목했더니 그 안에는 나만 알 수 있는 보물 같은 과거가 많이 잠들어 있다는 것을 지난번 배웠어요. 그런 것이 진정한 자신감의 근거가 됩니다.

 남에게 자랑할 만한 근사한 증거가 없어도 되는 거네요.

네. 지금까지 살아온 것 자체가 대단하니까요. 자기가 걸어온 길과 그 길을 헤쳐 온 힘을 믿으세요. 앞으로도 과거를 돌아보면서 나의 작은 노력들을 모아봅시다. 계속하다 보면 진정한 자신감을 얻게 될 거예요.

 네, 네. 조금씩 해 보고 싶어요.

자신감은 파도처럼 변화한다

 하고 싶은 말이 또 하나 있어요. '자신감을 한 번 손에 넣으면 평생 안심할 수 있는 것은 아니'라는 거예요. 자신감은 높아지기도 하고 낮아지기도 하면서 늘 파도처럼 변화하거든요.

 자신감이 생겼다가 떨어지기도 하는군요.

 그래요. 평소 자신감이 있는 사람이어도 기분이 가라앉거나 마음에 여유가 없으면 자연히 자신감을 잃게 되죠.

선생님도 그런가요?

 물론이에요. 하지만 어떤 계기가 있으면 다시 높아진다는 걸 알고 있으니까, 자신을 칭찬하고 지나치게 상처받지 않게 돌봅니다. 또, 과제를 마주하고 고민할 때마다 지난번에 말씀드린 '고민은 성장 촉진제'라는 말을 떠올리고, '인생 경험치를 또 얻었다'고 생각하려고 해요. 어쩔 수 없을 때는 버둥거리며 기운 빼지 않고 그저 견디는 것도 중요하니까요.

 자신감은 올라가기도 하고 떨어지기도 하는 게 자연스럽다는 건 알겠어요. 그런데 세상에는 늘 자신만만한 사람도 있죠?

 그렇게 보이는 사람도 있죠. 하지만 '난 뭐든지 할 수 있어!' 같은 전능한 느낌에 가득 찬 자신감에는 위험한 면도 있어요.

 자신감에도 위험한 면이 있다고요?

 예를 들어 '나는 언제나 옳아', 혹은 '틀린 건 너야'라고 생각하며 자기 행동을 되돌아보지 않을 수도 있죠. 다른 사람의 이야기를 듣지 않게 되는 거예요. 그런 태도를 보이면 타인과 갈등을 일으키게 되죠.

 그러고 보니 결코 남에게 사과하지 않는 사람도 있어요…….

 자기한테 불리한 일이나 마음에 들지 않는 일이 일어날 때마다 다른 사람을 탓하는 사람이 있어요. 화가 나면 주위 사람들에게 화풀이하기도 하고요. 자신을 직시하는 것보다 남을 탓하는 것이 더 편하기 때문이에요. 늘 자신만만하게 보이는 사람 중에는 자기와의 갈등에서 도망친 사람도 있을 거예요.

 그렇구나……. 뭐랄까요, 오늘 자신감이라는 말이 주는 인상이 완전히 바뀌었어요. 진정한 자신감은 '유연하다', '부드럽다' 같은 말과 어울리네요.

 그래요. 진정한 자신감은 자신의 약점이나 미숙함을 외면하지 않고 그대로, 전부 받아들이는 거예요.

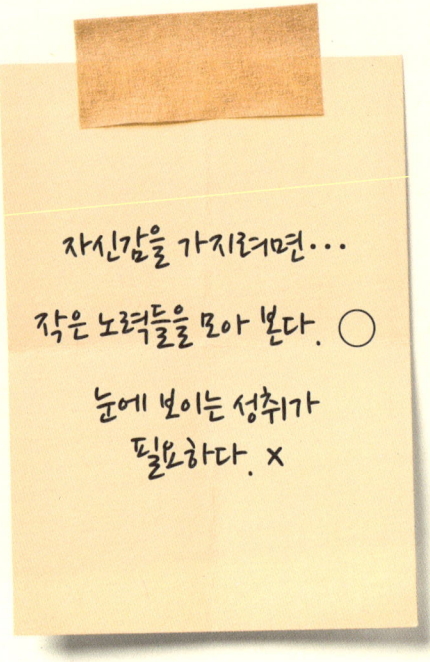

자신감을 가지려면...

작은 노력들을 모아 본다. ○

눈에 보이는 성취가
필요하다. X

마음의 기술 3
자신의 강점도 약점도 모두 받아들인다.

4일
외모에 대한 열등감

좋은 인상이란?

 요즘은 어디를 가든 성형 수술, 제모, 다이어트처럼 외모에 대한 열등감을 자극하는 광고를 보게 돼요. 얼마 전에는 전철에서 청소년에게 쌍꺼풀 수술을 권하는 광고를 보고 깜짝 놀랐어요.

 그만큼 외모에 고민이 있는 사람이 많다는 것이겠죠. 학교에서 상담할 때도 '저는 못생겼어요', '예쁘지 않아요', '매력이 없어요', '성형하고 싶어요' 같은 말을 자주 들어요.

자기에 관한 고민 중에서도 외모 고민은 큰 것 같아요. 타고난 특징이라 노력해도 바꾸기 어려우니까……. 특히 10대는 외모에 민감해지는 시기이기도 하고요. 지금은 SNS에서 인위적으로 보정한 멋진 이미지들을 늘 보다 보니 그들과 비교하며 '나를 바꿔야 해!' 하고 자신을 몰아붙이는 마음도 이해가 가요. 남의 외모를 평가하는 말들도 넘쳐나죠.

 외모뿐 아니라 모든 열등감이 마찬가지예요. 원인을 거슬러 올라가면 주위 사람들의 말에 영향을 받은 경우가 많습니다. 예를 들어 부모님이나 친척이 '아빠를 닮아서 코가 납작하네'라고 했을 수도 있고요. '언니는 날씬한데……' 같은 말에서 열등감이 시작되기도 해요.

 말하는 사람은 악의가 없었을 수도 있고, 농담 삼아 한 말일지도 모르죠. 하지만 그런 말을 들은 사람은 잊을 수 없어요…….

 동급생 간의 다툼이나 친구와의 싸움에서도 상대를 이기려고 겉으로 드러나는 특징을 과장하거나 놀릴 때가 있어요.

 아, 저는 얼굴에 점이 많거든요. 초등학생 때 '얼굴에 코딱지가 붙어 있네. 와, 더러워'하고 놀림당한 적이 있어요. 그전까지는 전혀 신경 쓰이지 않았는데, 갑자기 부끄러워졌던 기억이 나요. 지금도 점에 대해 얘기하는 게 불편하고요.

 그런 일이 있었군요……. 방송 매체나 SNS를 보면서 획일적인 기준이 생기는 것 같아요. 예쁘다거나 멋있다거나, 못생겼다거나. 남의 외모를 평가하지 않고 그냥 별생각 없이 바라볼 수도 있는데, 그런 평가가 남발되다 보니 외모에 대한 열등감이 점점 쌓이

는 것 같아요.

 나도 모르게 '얼굴에 이런 부분이 있으니까 못생겼어', '몸매가 이러니까 다들 놀리는 거야'라고 자책하면서 자신에게 원인이 있다고 생각하는데, 외부에서 그렇게 생각하도록 만드는 면도 있다는 말씀인가요?

 네. 사람의 인상은 인상을 '주는' 쪽에는 원인이 없어요. 인상을 '받는' 쪽의 과거 경험이나 편견에서 인상이 만들어지는 경우가 많죠.

 인상을 '받는' 쪽의 경험과 편견이요?

 가끔 남의 외모를 두고 심한 말을 하는 사람이 있는데, 그건 어디까지나 그 사람이 받은 인상일 뿐이에요. 똑같은 외모에 대해 다른 사람들은 전혀 신경 쓰지 않을 수도 있고, 오히려 매력적이라고 생각할 수도 있죠.

 생각나는 게 있어요. 예전에 어떤 사람이 제 얼굴을 보고 '너 계속 히죽거리니까 바보 같아'라고 한 적이 있거든요. 갑작스러운 말에 깜짝 놀랐어요. 충격으로 한동안 웃을 때마다 어색했고요. 하지만 비슷한 무렵에 다른 사람은 제게 '늘 웃고 있어서 말 걸기 좋다'라고 말했었어요.

 자신은 아무것도 바뀐 것이 없는데 보는 사람에 따라 완전히 다른 인상을 받았네요.

 맞아요. '뭐야, 어느 쪽이 맞는 거야?' 했다니까요.

 그 경험에서도 알 수 있듯이 사람의 인상이란 건 불확실하고 명확한 근거가 없어요. 그러니까 특히 외모가 신경 쓰이기 시작하는 10대 청소년들은 남이 멋대로 늘어놓는 평가에 휘둘리지 않았으면 해요. 그런 걸 너무 의식하면 열등감이 생기거나 오히려 자기 매력을 발산하지 못하게 되니까요.

나를 중심에 두지 않으면 남에게 휘둘린다

 '인상은 보는 사람에 따라 이랬다가 저랬다가 하는

것'이라고 생각하면 외모를 두고 던지는 무심한 말에 상처받을 일도 줄어들 것 같아요. 열등감도 조금은 해소될지도 모르죠. 하지만 요즘은 아까 말한 성형 수술 광고처럼 돈을 들여 열등감을 없애는 방법도 있잖아요.

 맞아요. 그런 방법으로 열등감을 해소할 수 있는 사람도 있을 거예요.

 그것도 방법이 될 수 있다고 생각하시나요?

 네. 스스로 확신을 갖고 결정했다면 그것도 멋진 방법이에요. 다만, 이건 제 생각이지만 성형 수술을 하면 어떤 다른 사람과 비슷해질 수는 있어도 자기 자신은 될 수 없어요. 지금 멋있다고 생각하는 유명인도 몇 년 후에는 인기가 사라졌을지도 모르고요. 그때의 유행에 따라 '예쁘다'나 '멋있다'의 기준도 자꾸 바뀔 거예요.

 확실히 유행이 빨리 바뀌는 것 같아요.

게다가 모두 평등하게 나이를 먹죠. 10대라면 실감이 안 날 수도 있지만, 중력 때문에 피부는 자꾸 처지고, 몸도 점점 둔해지거든요(웃음). 인생은 길어요. 겉모습에만 신경 쓰면 나이 먹는 게 두려워질 거예요.

 그렇구나…….

 성형 수술이든 다이어트든 '내 가치는 타인의 평가로 결정된다'고 생각하면 인생이 힘들 수밖에 없어요. 자신에게 중심을 두지 않으면 현재는 아무리 잘나가는 사람도 언젠가는 한계를 느낄 거예요. 남들이 말하는 인상이나 평가에 휘둘려서 자꾸 자신을 바꾸려고 하지 말고 '어떻게 살고 싶은가', '내게 소중한 것은 무엇인가' 같은 자기 생각이 중요해요.

 남이 말하는 인상이나 평가는 즉각 들리니까 자꾸 신경 쓰게 되시만, 중요한 건 역시 나 자신의 평가군요.

 그래요. 허울 좋은 말처럼 들릴지도 모르지만 '나 자신을 어떻게 대하는가'가 표정과 몸짓, 분위기에 드러나면서 그 사람의 개성과 매력으로 이어진다고 저는 믿어요.

 지금까지 나 자신에 대해 진지하게 생각해 본 적이
별로 없었어요. 시간을 내서 나를 알아가고 싶어요.

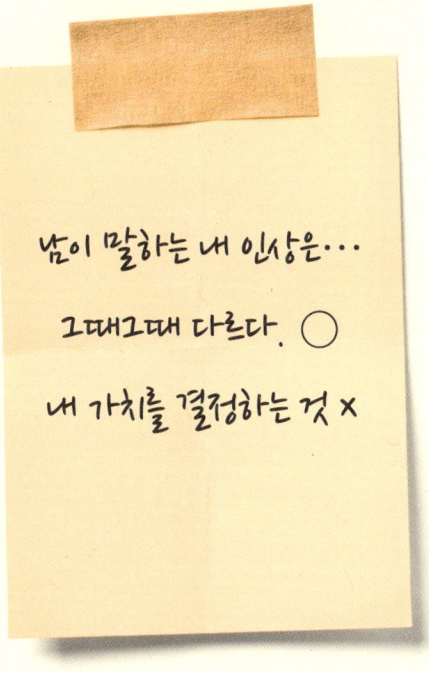

남이 말하는 내 인상은…
그때그때 다르다. ○
내 가치를 결정하는 것 X

마음의 기술 4
남의 평가에 휘둘리지 말고 내게 중요한 것은 무엇인지,
내 마음속을 들여다본다.

제2장

머리와
몸을
쉬게 하자

머릿속이 고민과 불안으로 엉망진창.

늘 여유가 없고 몸은 지쳤다.

하지만 해야 할 일이 잔뜩 쌓여 있다.

이럴 때는 어떻게 해야 할까요?

이번 장에서는 몸과 마음을 충전하는 방법을 소개합니다.

5일
고민과 거리 두기

아무 생각도 하지 않는 시간을 갖자

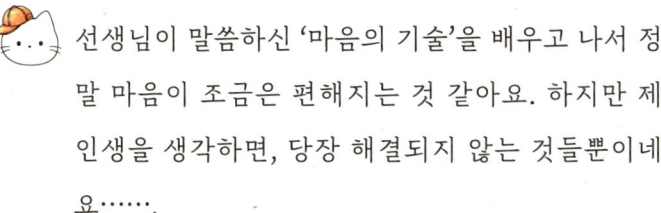

선생님이 말씀하신 '마음의 기술'을 배우고 나서 정말 마음이 조금은 편해지는 것 같아요. 하지만 제 인생을 생각하면, 당장 해결되지 않는 것들뿐이네요……

맞아요. 속 시원하게 해결되면 좋을 텐데, 어떻게든 견디거나, 폭풍이 지나가길 기다릴 수밖에 없을 때도 많아요.

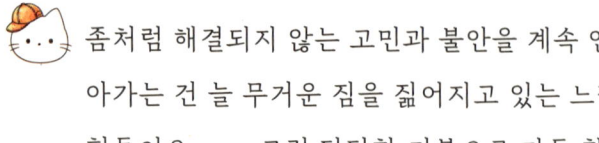 좀처럼 해결되지 않는 고민과 불안을 계속 안고 살아가는 건 늘 무거운 짐을 짊어지고 있는 느낌이라 힘들어요……. 그런 답답한 기분으로 가득 찼을 때, 선생님은 어떻게 하시나요?

우선은 고민이나 불안과 거리를 둡니다. 어떤 일을 계속 생각하거나, 불쾌한 일을 몇 번이고 다시 떠올리는 것은 반복해서 심한 스트레스를 받는 것이죠. 그럴 때는 고민이나 불안에서 일단 떨어져서, 아무것도 생각하지 않는 시간을 확보하려고 합니다.

고민이 생기면 자기도 모르게 그 생각에 골몰하게 되는데, 우선은 거리를 두는 거군요. 저는 반대로 하고 있었어요…….

고민이나 불안이 심한 상태는 물이 가득 찬 컵에 비유할 수 있어요. 표면장력으로 간신히 버티고 있지만, 그 위로 한 방울만 더해지면 물은 눈 깜짝할 새 밖으로 흘러넘칠 거예요.

정말 위태롭네요. 물을 조금이라도 퍼내서 줄여야

하는데…….

 그래요. 무엇보다도 우선 수위를 1mm든 2mm든 낮춰야 해요. 그런데 많은 사람이 반대로 합니다. 한 가지 일을 계속 생각하고, 싫은 일을 몇 번이고 다시 떠올리는 건 이미 물이 가득 차 있는 컵에 물을 더 따르는 행동이에요.

 아아, 지금까지 저는 더 이상 들어갈 곳도 없는데 물을 더 넣으려고 했던 거네요. 그러니까 힘들었구나……. 우선 조금이라도 물을 줄여야겠네요. 말씀을 들으니 그게 어떤 상태인지 쉽게 그려볼 수 있어요.

 마음도 컵과 마찬가지예요. 다른 것이 들어올 수 있는 공간을 확보하지 않으면 금방 용량이 모자라게 돼요. 자기가 생각해도 '고작 이런 일로?' 싶은 일로도 짜증이 나고, 감정이 폭발해서 다른 사람과 갈등을 빚기도 해요. 갑자기 우울해지기도 하고요.

 그런 상태라면 고민이나 불안을 냉정하게 바라볼 수 없겠어요. 좋은 해결책도 떠오르지 않을 거고…….

맞아요. 고민이나 불안에서 떨어져서 아무 생각도 하지 않는 시간을 갖는 건 물컵의 수위를 낮추는 일이에요. 수위가 낮아져서 빈 곳이 생기면, 비로소 자신을 객관적으로 볼 수 있는 여유도 생겨나지요.

 뭐든 여유가 중요하군요.

 네. 건강을 유지하려면 배부를 만큼 먹지는 말라는 말도 있잖아요. 위장뿐 아니라 마음에도 적용된다고 할 수 있어요. 마음을 적당히 비우고, 조금 여유를 두어야 예기치 않은 일이 생겼을 때 대처할 수 있습니다.

빠져들 수 있는 일에 몰입한다

 당장 해결할 수 없는 고민이나 불안을 안고 있을 때 일단 그 일과 거리를 두는 게 좋다는 걸 알더라도 실제로는 그렇게 하기 어려워요. 예를 들어 고민에서 멀어지려고 '그냥 자자' 하고 이불속에 들어가도, 온갖 생각이 머릿속에 떠올라서 정신이 더 말똥말똥해지고요…….

생각을 멈출 수 없을 때도 있고 좀처럼 잠이 오지 않는 밤도 있죠. 그런 때 저는 ==좋아하는 것, 정신없이 빠져드는 것에 몰두합니다.==

 예를 들면 어떤 것이 있을까요?

 정말로 좋아하는 일, 아무 생각 없이 몰두할 수 있는 것을 하는 거죠. 얼마 전 업무에서도 개인적으로도 지긋지긋한 일들이 이어져서 '더 이상은 무리야!' 하고 외치고 싶은 순간이 있었어요. 그때는 과자랑 음료수를 차려 놓고 옛날부터 좋아했던 영화나 애니메이션을 연달아 보거나, 헤드폰을 끼고 전자 피아노로 좋아하는 곡을 하염없이 치면서 하루를 보냈어요.

 아하, 정말 푹 빠지는 거군요.

 손을 계속 움직이는 단순 작업도 했어요. 몇 년 전부터 스케줄러를 직접 만들고 있거든요. 자를 대고 스케줄러에 필요한 가로, 세로의 선들을 묵묵하게 계속 그었죠.

아······. 그래서 좀 달라졌나요? 얼핏 보기엔 그냥 현실 도피 같기도 한데요.

 고민이나 불안 자체가 해소되는 건 아니에요. 좋아하는 일이나 몰입할 수 있는 작업을 하면 그걸 생각해야 하니까, 한순간이라도 고민을 잊을 수 있죠. 줄을 긋는 단순한 작업만 하더라도 그 순간만은 정확한 간격을 맞추기 위해 집중해야 하니까요. 그러면 자연스럽게 고민과 불안에서 거리를 둔 상태가 되죠.

 고민이나 불안에서 '거리를 두자, 거리를 두자' 하고 생각하는 게 아니라, 머릿속을 좋아하는 일, 쉽게 몰입할 수 있는 일로 가득 채워서 다른 생각이 들지 않게 하는 건가요?

 그래요. 그날도 좋아하는 작품들의 세계로 도망치고, 하염없이 선을 긋는 일에 몰두했더니 잠자리에 들 무렵에는 '어떻게든 되겠지' 하고 조금은 편해졌어요. 시간이 어떻게 흐르는지 잊게 할 정도로 몰입할 수 있는 대상은 인생을 풍요롭게 해줄 뿐 아니라 괴롭고 힘들 때 버팀목이 되어 주기도 합니다. 그런

게 있나요?

 별로 생각해 본 적이 없는데……. 주변 풍경을 바라
보며 산책하거나 반려견을 쓰다듬을 때는 마음이 안
정되고 시간이 빨리 흘러가요.

 근사한 시간이네요. 이제까지 자기가 무엇을 좋아하
는지 생각해 본 적 없는 사람은 이번 기회에 꼭 천천
히 생각해 보길 바랍니다. '난 이게 좋아' 하고 자각할 수 있으면 내 편이 늘어난 기분이 들 거예요.

 저도 곰곰이 생각해 봐야겠어요.

 인생에는 당장 해결할 수 없는 것도 많아요. 가끔은 좋아하는 것의 힘을 빌려서 마음에 여유 공간을 확보하고, 고민은 내일의 나에게 맡겨 보세요. 그렇게 지내다 보면 어느 날 해결책을 발견하거나 도와줄 사람을 만날 수도 있어요. 어떤 문제는 시간이 흐름에 따라 저절로 해결되기도 하고 별로 신경 쓰이지 않게 되기도 합니다. '자기가 좋아하는 것'을 소중하게 여깁시다.

괴로울 때는...
고민과 거리를 둔다. ◯
계속 그 일을 생각한다. ✕

마음의 기술 5
좋아하는 일에 몰두한다.

6일
피곤하면 떳떳하게 쉰다

내 느낌을 믿고 일찌감치 쉰다

 지난번 고민이나 불안과 거리를 두는 법에 관해 이야기했습니다. 그와 관련해 말씀드리고 싶은 것이 '피곤하면 떳떳하게 쉬자'입니다. 쉰다고 하면 어떤 게 떠오르나요?

 할 일을 안 한다거나 남한테 폐를 끼친다거나. 어쩐지 찜찜한 느낌이 있어요……. 고등학생 때는 하루라도 쉬면 뒤처질 거라는 공포심이 있었고요.

요즘은 사라지고 있는 것 같지만, 예전에는 일정 기간 하루도 쉬지 않은 사람에게 '개근상'을 주는 제도가 있었어요. 어릴 때부터 '쉬지 않고 노력하는 것이 훌륭하다'라고 배워 왔으니까 그렇게 생각하는 것도 어쩔 수 없어요.

 열이 많이 난다거나 피치 못할 사정이 있지 않으면 쉴 수 없었어요. 쉬겠다는 생각도 안 했고요.

 휴식은 어린이와 어른 모두에게 꼭 필요한데, 쉽게 쉴 수 없는 분위기가 있어요.

 맞아요……. 자기를 속이면서 무리할 때도 있어요.

 피로에는 사람을 부정적으로 바꾸는 강한 힘이 있어요. 완전히 지쳐서 여유가 없으면 사소한 일로도 폭발하고, 다른 사람이나 물건에 화풀이하기도 하죠. 짜증스러워서 공부나 업무가 손에 안 잡히기도 해요. 감정 조절이 어려워지는 거죠. 피로 때문에 인간관계가 망가지는 일도 종종 있습니다. 그런 의미에서도 피곤할 때 바로 쉴 수 있다면 좋을 텐데요.

뜨끔하네요. 얼마 전에도 그런 식으로 실수한 적이 있었어요…….

 무슨 일이 있었나요?

 출장을 다녀와 너덜너덜해진 채로 집에 갔더니 택배 상자들이 거실에 그냥 방치되어 있는 거예요. 그걸 보고 "왜 안 치우는 거야?! 몇 번이나 부탁했는데 어떻게 그냥 둘 수 있어!" 하고 가족한테 있는 대로 짜증냈거든요. 그 후 며칠 동안 살벌한 분위기가 이어졌어요…….

그런 일이 있었군요. 피곤하면 그런 식으로 평소의 자신이라면 상상할 수 없는 말이 튀어나오죠. 평소라면 별일 아닌 일에 감정이 터져버리고 마는 거예요. 그러면 악순환에 빠져서 자꾸 비관적인 생각을 하게 됩니다.

 나중에 목욕하면서 '왜 그런 말을 했을까?' 하는 생각에 제 자신이 싫어졌어요.

 마음이 차분할 때라야 자신을 돌아볼 수 있죠. 피로에 지배당하고 싶지 않은 거예요.

 정말 그러네요…….

 '어쩐지 평소와 다르다'는 느낌이 들었다면 이미 쉬어야 한다는 빨간불이 켜진 상태라고 할 수 있어요. 피로니 마음의 상태는 주위 사람들이 보고 알아차리기는 어렵죠. 어떤 일에 얼마나 피로를 느끼는지는 사람마다 크게 달라요. 자기의 감각을 믿고, 떳떳하게 쉽시다. 그게, 나는 물론이고 주위 사람들을 위하는 길도 되는 거예요.

쉬어야 하는지 아닌지, 자기 느낌으로 판단해야 하는 거네요.

 그래요. 자기의 느낌을 믿고 일찌감치 쉬세요.

자신에게 휴식을 허락하는 요령

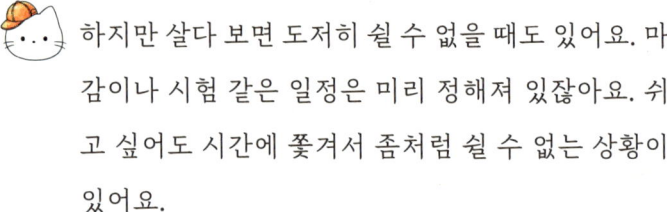 하지만 살다 보면 도저히 쉴 수 없을 때도 있어요. 마감이나 시험 같은 일정은 미리 정해져 있잖아요. 쉬고 싶어도 시간에 쫓겨서 좀처럼 쉴 수 없는 상황이 있어요.

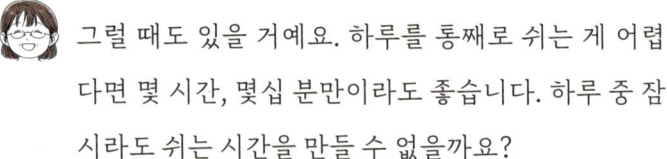 그럴 때도 있을 거예요. 하루를 통째로 쉬는 게 어렵다면 몇 시간, 몇십 분만이라도 좋습니다. 하루 중 잠시라도 쉬는 시간을 만들 수 없을까요?

 음, 그 정도라면……. 그런데 '몇십 분이면 영어 단어를 꽤 많이 외울 수 있는데', '경쟁자는 이 시간에도 노력하고 있을 텐데' 같은 생각이 들어서 더 피곤해지는 것 같아요.

저는 그렇게 내몰릴 때는 의식적으로 나에게 휴식을 허락하는 단계를 거칩니다.

 자기 자신에게 휴식을 허락한다고요?

 예를 들면 시험 직전에 잠깐 눈을 붙일 때 '이렇게 졸리면 시험을 망칠 수도 있어. 지금 자는 건 시험을 잘 보기 위해서야'라고 그럴듯한 명분을 찾아서 나에게 휴식을 허락하는 거예요.

 일부러 그렇게 휴식에 의미를 부여하려고 해도 불안한 마음이 금방 바뀌기는 어려울 것 같은데요.

 휴식에 의미를 부여하기 어렵다면 '더 이상 안 돼! 여기까지가 한계니까, 지금은 잘 거야!' 하고 선언하는 것도 좋아요. 제가 자주 쓰는 방법이에요.

 그건 할 수 있을 것 같아요.

 몸과 마음이 한계에 도달했는데 '정말 쉬어도 될까?' 하고 생각하는 건 브레이크랑 액셀을 동시에 밟는 것과 같아요. 괜히 더 피곤해지죠. 자기에게 휴식을 허락해서 쉬는 데 대한 죄책감이 약해지면 더 편안하게 쉴 수 있을 거예요. ==제대로 쉬어서 맑아진 머리로 공부하고 일해야 더 능률적인 경우가 많아요.==

 맞아요. 너무 졸릴 때나 의욕이 없을 때는 뭘 해도 잘 안 돼서 오히려 더 초조해져요. 일이 생각대로 진행되지 않아서 책상에 매달려 있을 때가 있는데, 기분전환을 위해 밖에 나가 잠깐 걷고 나서 하거나, 그날은 자고 다음 날 아침에 처리하면 순식간에 끝날 때도 있고요.

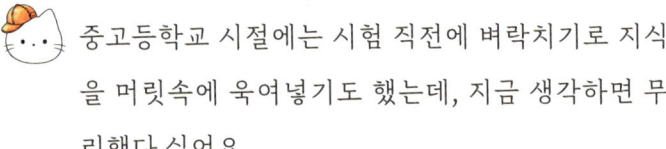 저도 자주 그런 경험을 해요.

중고등학교 시절에는 시험 직전에 벼락치기로 지식을 머릿속에 욱여넣기도 했는데, 지금 생각하면 무리했다 싶어요.

수면시간을 줄이는 건 절대로 추천할 수 없는 방법이에요. 짧게 보면 성과가 나올지도 모르지만, 지속되면 몸과 마음에 엄청난 부담이 되거든요. 그런 생

활이 지속되면 건강이 나빠지고 심지어 돌연사 가능
성도 커지니까 무조건 피해야 합니다.

 공부나 일보다 건강이 먼저라는 말씀이군요.

 그래요. 심신의 건강을 위해서도, 일과 공부의 효율
을 위해서도 휴식은 꼭 필요합니다. 오늘부터 휴식
을 긍정적으로 받아들입시다.

 업무 마감에 쫓겨서 바빠지면 금방 까먹게 되니까
'피곤하면 얼른 쉬자!'라는 메모를 책상에 붙여 놓아
야겠어요(웃음).

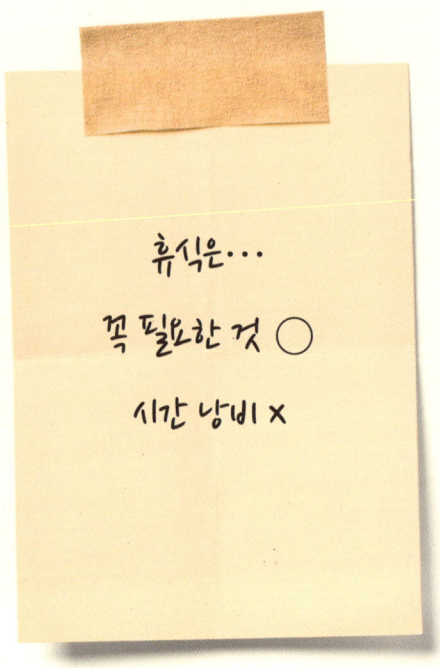

휴식은···

꼭 필요한 것 ○

시간 낭비 X

마음의 기술 6
자신에게 휴식을 허락하고 떳떳하게 쉰다.

7일
잔소리하는 타인에게 휩쓸리지 않는다

'뭔가 사정이 있다'라고 생각하자

 선생님이 '자신에게 휴식을 허락하고 떳떳하게 쉬자'고 조언하셔서, 지쳐 나가떨어지기 전에 일찌감치 쉬어야겠다고 마음먹었어요.

 마음에 새겨 두었군요. 정말 기뻐요.

 하지만 마음에 걸리는 게 있는데요…….

 그게 뭔가요?

네. 나에게 맞는 타이밍에 쉬려고 하면 주위 사람들과 부딪칠 때가 있어요. 지난번에 수험생이 잠깐 눈을 붙이는 이야기를 했는데요. 실제로 시험을 앞두고 잠을 자고 있으면 한소리 하는 부모님이 많을 것 같아요.

'시험이 코앞인데 공부 안 하니?!'라든가 '공부 다 한 다음, 제대로 자야지' 같은 말이죠. 저도 세 아이를 키울 때 잔소리를 많이 했어요.

선생님도 그럴 때가 있었군요.

물론이에요. 아이가 학교나 학원에서 열심히 했다고 해도, 그런 모습을 부모는 볼 수 없으니까 자꾸 불안해지죠. 공부하는 모습을 자기 눈으로 확인하고 나서야 비로소 '이 애는 열심히 하고 있구나' 하고 안심하는 거예요.

안 그래도 부모님이 성가시게 느껴지는 사춘기에, 게다가 잔뜩 예민해진 시험 직전에 그런 잔소리를 들으면 '시끄러워!', '내가 알아서 해!' 같은 말을 내뱉고 싸움이 벌어질 것 같아요. 그러면 휴식은 고사하고 훨씬 더 피곤해지겠죠…….

 내 상황도 모르고 상대방이 그렇게 잔소리하거나 일방적인 얘기를 내뱉을 때 저는 '아, 이 사람에게는 뭔가 사정이 있겠구나' 하고 상상하려고 해요.

 그 사람의 사정을 상상한다고요……?

 조금 전 수험생을 예로 들면 '부모님이 불안하구나, 그래서 안심하고 싶은 거야', 혹은 '내가 학교나 학원에서 어떻게 공부하는지 모르겠지'처럼 상상해 보는 거예요. 잔소리라고 생각하면 화가 나겠지만, 부모님이 너무 불안해서 입 밖으로 그런 말이 나온 거라고 상상하면 같은 말을 들어도 느낌이 다르지 않을까요?

 아, 그러네요. 정말 그렇게 상상하면 성가시게 느껴지던 부모님도 고민이 많은 한 사람으로 보일 것 같아요…….

'시끄러워!', '내가 알아서 할 거야!'가 '잠깐 휴식이 필요해요', '저를 그냥 지켜봐 주세요'로 바뀔지도 모르죠.

 그러면 싸움으로는 번지지 않겠어요.

 부모님을 완전히 이해할 수는 없지만, '부모님에게도 나름대로 사정이 있구나', '부모님도 불안한 거구나'라고 생각할 수 있다면 부모님의 잔소리나 화에 휘둘리지 않을 수 있어요. 그렇게 내가 쉴 수 있는 환경을 만들어 가는 거예요.

 상대방의 사정을 상상하는 것이 나를 위하는 길이 되는 거네요.

 맞아요. 게다가 부모님의 불안을 줄일 수 있어서 잔소리가 줄어들지도 모르죠. 일석이조네요(웃음). 시험 전에 자는 것이 부모님의 불안을 자극한다면, 부모님 앞에서는 알았다고 대답하고 그 자리를 벗어나서 혼자 느긋하게 쉴 수 있는 곳에서 자도 됩니다.

상대의 진짜 사정은 알 수 없다

 일이라면 어떨까요? 제가 쉴 때 상사나 동료의 업무가 늘어난다면 쉬고 싶다는 말을 꺼내기 어려울 것 같아요.

 동료들과 협력하거나 도움을 주고받아 가면서 업무가 진행되니, 자기 생각대로 조율하기 어려울 때가 많아요.

 그러니까 쉴 수가 없어요. 제가 쉬는 동안 진행해야 할 업무에 대해 동료에게 어렵게 부탁했을 때 흔쾌히 그러겠다는 대답이 돌아올 때도 많겠지만, 간혹 "이렇게 바쁠 때……"라고 하거나, 말로는 하지 않아도 태도로 짜증을 표출하는 사람도 있으니까요.

 맞아요. 쉬는 건 나쁜 게 아니지만, 휴식을 껄끄럽게 여기는 감정이 내 안에 있으면 상대의 그런 불쾌함이나 짜증을 마른 스펀지처럼 흡수하게 되죠.

 '앗, 나 때문에 화가 났나……?' 하는 생각이 들어요.

그럴 때도 저는 앞서 얘기한 부모님의 경우와 마찬가지로 '무슨 사정이 있겠지' 하고 상상합니다. 예를 들면 '저 사람은 대놓고 불쾌해할 정도로 피곤하구나' 하고요.

 그렇구나. 피곤해서 그런다고 생각해 볼 수 있군요…….

 '아침에 가족이랑 싸웠나?', '회의 중에 상사한테 혼났나?', '원래 변덕스러운 사람인데, 오늘 내가 운이 나빴나?' 등등 뭐든 좋습니다. 그런 식으로 생각하면 상대의 모습도 조금 다르게 보일 거예요. '힘든 일이 있나 봐', '뭔가 잘 안 풀리나 보네' 하고 생각할 수 있죠.

 하지만 진짜 어떤 사정인지는 알 수 없는 거죠. 그냥 성격이 나빠서일 수도 있고, 내가 미움받는 것일 수도 있고…….

 진짜 무슨 일이 있는 건지 주위 사람은 알 수 없고 어쩌면 자신도 깨닫지 못할지도 몰라요. 누구나 '이유는 잘 모르겠지만 오늘은 짜증나고 답답하네' 하는 날이 있지 않나요?

 가끔 있어요. '오늘은 안 되겠다' 싶은 날이요.

 그래요. 상대의 사정은 상상할 수밖에 없고, 진짜 무슨 일이 있는지는 몰라도 괜찮아요. 그 사람의 불쾌함, 짜증은 그 사람이 해결해야 하는 거니까요. 우리가 할 수 있는 건, '나 때문에 기분이 나빠졌나……?' 같은 쓸데없는 생각을 하지 않는 거죠. 그런 생각을 하면 마음 편히 쉴 수 없으니까요.

 내 마음이 편해지려고 까칠한 상대에게 '뭔가 사정이 있을 거야' 하고 생각하자는 거군요.

 네. 다른 사람의 불쾌함이나 짜증의 이유를 나한테서 찾지 밀고, 당당하게 쉽시다. 물론 쉴 때는 상부상조의 정신이 중요해요. 다음에 동료가 쉬게 되면 기분 좋게 도와주세요. 제대로 쉬어 에너지를 충전하면 자기 힘을 최대한 발휘할 수 있다고 서로 믿어주는 거예요.

피곤해서 여유가 없어지면 자기만 생각하게 되죠. 주위 사람들과 좋은 관계를 맺기 위해서라도 제대로 쉬는 게 중요하군요.

 그래요. 제대로 쉰 다음 멋지게 일하는 모습은, 휴식을 부정적으로 생각하는 사람에게 좋은 본보기가 될 거예요. 상사나 선배가 그런 모습을 보이면 후배는 마음 편하게 쉴 수 있죠.

다른 사람의 잔소리나
불평을 들으면···

그 사람에게 '뭔가 사정이
있다'고 생각한다. ○

자신에게서 원인을 찾는다. ✕

마음의 기술 7

상대의 사성을 상상해 본다.

제3장

타인과
기분 좋은
거리를
둔다

상대하기 힘든 사람한테 휘둘린다.

SNS에서 모르는 사람이 기분 나쁜 댓글을 달았다.

학교나 회사에 마음 편히 있을 곳이 없어서 힘들다.

인간관계는 정말 복잡하고 골치 아픕니다.

이번 장에서는 타인과 적당한 거리를 두는 법을 배웁니다.

싫은 사람이 있어도 괜찮다

모두와 사이좋게 지내기는 어렵다

 이제까지는 자신감을 얻는 법, 일찌감치 쉬는 것의 중요함 등 나의 내면을 중심으로 나를 돌보는 법을 배웠습니다. 이제 외부와의 관계를 얘기하고 싶습니다. 내 마음을 지킬 때는 '주위 사람들과 어떻게 지내야 할까?'도 중요하지 않을까요?

 맞아요. 학교 상담사로 일하며 매일 10대 학생들과 접하는데, 친구나 부모님 등 가까운 관계 때문에 고민하는 사람이 많아요.

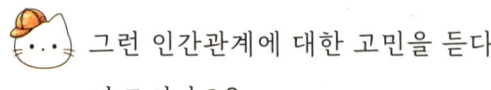 그런 인간관계에 대한 고민을 듣다 보면 어떤 느낌이 드시나요?

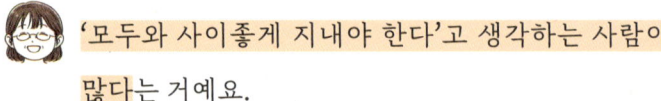 '모두와 사이좋게 지내야 한다'고 생각하는 사람이 많다는 거예요.

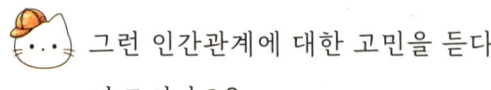 저도 고등학생 때 그렇게 생각했어요. 낙오자가 된 후 사람들의 시선이 무서웠어요. 친구가 거의 없어서, '친구가 많아야 하는데……', '날 바보 취급하는 아이와도 친하게 지내야 하나?' 같은 걸로 고민한 적도 있어요.

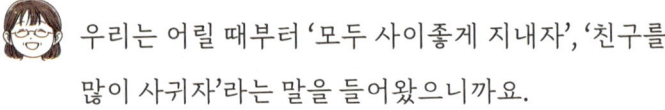 우리는 어릴 때부터 '모두 사이좋게 지내자', '친구를 많이 사귀자'라는 말을 들어왔으니까요.

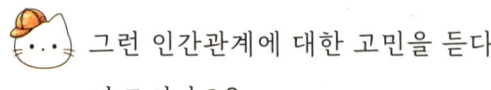 둘 다 초등학생 때 급훈으로 걸렸었어요.

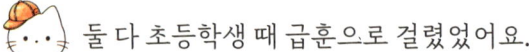 어떤 것이 옳고 당연하다고 오랫동안 주입되면, 그렇게 할 수 없는 사람은 '내가 문제인가?'라는 생각이 들 수밖에 없죠.

무조건 좋은 거라고 믿고 의심한 적이 없었어요.

 어른이 되어서 다양한 세계를 알게 된 지금 '모두 사이좋게 지내자'나 '친구를 많이 사귀자'라는 말을 들으면 이전과는 다른 느낌이 들지 않나요?

 솔직히 '그런 거 무리야, 너무 힘들어!' 하고 생각하게 돼요. 그렇게 할 수 있다면 이상적이겠지만 실제로는 서로 맞지 않거나 친하게 지내기 힘든 사람도 있으니까요. '친구는 많으면 많을수록 좋다'는 말이 맞는지도 의문이에요. 어른도 못하는 걸 아이들에게 요구했구나 싶어요.

 저는 '모두와 사이좋게 지내야 한다'고 믿거나 친구가 적어서 고민하는 청소년을 만나면 '어른의 사정에 휘둘리지 마'라고 말하기도 합니다.

 어른의 사정이요?

 아이들이 사이좋게 지내면 어른은 아주 편하죠. 학교 선생님은 반을 관리하기 쉬워지고, 부모님은 아이에게 친구가 많으면 안심할 거예요. '모두 사이좋게 지내자'나 '친구를 많이 사귀자'라는 말에는 그런 어른들의 사정도 섞여 있는 거예요. 그러니까 '곧이곧대로 받아들이지 마. 어른도 못하는 일이니까' 하고 말합니다.

 그렇게 말해 주는 어른이 가까이에 있으면 다행이죠. 저도 10대 때 그런 말을 들었으면 좋았을 텐데…….

 이 세상에는 정말로 다양한 사람이 있어요. 나와 맞는 사람이 있는가 하면, 맞지 않는 사람도 있죠. 그게 자연스러운 거예요. 그러니까 싫은 사람이 있을 수도 있어요. '모두와 사이좋게 지내야 한다'고 생각할 필요 없어요.

부정적인 감정은 일종의 감지기

 하지만 어떤 사람이 '싫다' 혹은 '불편하다', '맞지 않는다'라고 생각하는 건 좀 내키지 않는 면이 있어요. 특히 처음 만나는 사람에게 부정적인 감정이 들면

'잘 알지도 못하는데 이렇게 생각해도 될까?' 하고 고민하게 돼요.

 다른 사람을 싫어하거나 불편하다고 느끼거나 맞지 않는다고 생각하는 건 나쁜 일이라는 느낌이 들죠. 하지만 사실 타인에 대한 부정적인 감정은 나를 지키는 감지기 역할을 한답니다.

 감지기요?

 지금까지의 경험이 타인에 대한 첫인상에 큰 영향을 미치죠. 예를 들어 예전에 불쾌한 일이 있던 사람과 닮은 사람을 만나면 무의식중에 부정적인 감정을 느끼게 될 거예요. 그렇게 과거의 경험을 바탕으로 나를 지키는 거예요.

 정말 그럴지도 모르겠어요. 고등학생 때 불량한 애들한테 협박당할 뻔한 적이 있거든요. 지금도 그 애들과 비슷한 외모를 하고 있거나 말투가 닮은 사람은 불편해요. 그런 사람을 만나게 되면 경계하거나 피하죠.

그런 식으로 부정적인 감정이 올라오면서 이 사람에게 다가가도 되는지, 위험하지 않은지 판단하는 거예요. 처음 만나는 사람에게 부정적인 감정을 느끼는 건 좋고 나쁜 게 아니라, 사람의 자연적인 반응이죠. 그렇게 감지한 정보를 어떻게 써먹을지가 중요해요.

 그렇군요. 그런 감지기가 없다면 낯선 사람에게 다가갔다가 또 불쾌한 경험을 할지도 모르니까요. 뭔가 안 좋은 기운을 감지하면 일단 거리를 둔 다음에 필요할 때만 다가가거나, 공동의 관심사에 대해서만 교류하는 식으로 관계를 조절할 수 있겠네요.

 그래요. '도저히 나랑 안 맞을 것 같아', '역시 싫다'라고 생각되면 조용히 멀어지는 게 가장 좋아요. 견디기 힘든 사람이 있다면 말없이 도망칩시다.

 '도망친다'는 말에는 '비겁하다, 겁쟁이다, 용기가 없다'처럼 좋지 않은 이미지가 있는데요. 그것도 하나의 방법이라는 말씀이세요?

네. <mark>도망치는 것은 나의 마음을 지키는 아주 중요한 기술</mark>이에요. 좀 더 긍정적인 의미로 써도 좋은 말이라고 생각해요. 다만 마음속에서 '싫다', '불편하다'고 생각하는 건 자유지만, 그런 부정적인 감정을 그대로 상대방에게 보여주는 건 부적절합니다. 싫다고 해서 상대한테 돌을 던지는 짓을 해선 안 되죠. 최소한의 예절을 지키는 건 필요해요.

 기분과 행동을 뒤섞으면 위험하군요.

 그래요. 인생은 길어요. 그 사람과 다시, 다른 순간에 재회할 수도 있죠. 그때는 서로가 놓인 상황이나 사고방식이 바뀌었을 수도 있어요. 어쩌면 이번에는 마음이 맞는 친구가 될 수 있을지도 몰라요. 말없이 도망치는 건 그런 가능성을 부수지 않는 일이기도 해요. 한 번이라도 돌을 던졌다면 나중에 좋은 관계가 되기는 어려우니까요.

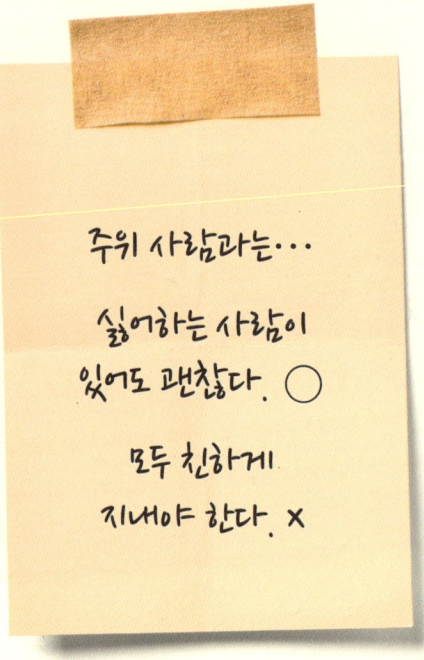

주위 사람과는...

싫어하는 사람이
있어도 괜찮다. ○

모두 친하게
지내야 한다. ✕

마음의 기술 8
대하기 힘든 사람이 있으면 말없이 도망친다.

9일
SNS의 악성 메시지에 대처하는 법

서열 정리는 무시한다

 지난번 '싫어하는 사람이 있어도 된다'는 말을 듣고 마음이 아주 편해졌어요. 하지만 내가 그런 사람에게서 멀어지려고 해도 그쪽에서 따라다닐 때도 있어요.

 일부러 가까이 다가와서 불쾌한 말이나 태도로 대하는 사람 말이군요.

 네. 악의가 있어서인지는 불확실하지만, '그런 것도 몰라?'라거나 '넌 안 될걸' 같은 말을 하면서 저를 바보 취급하고 얕잡아보는 그런 사람들이요.

 '너보다 내가 훨씬 대단한 사람이야'라고 과시하는 거네요. 말하자면 서열 정하기예요.

 그거예요. 현실에서도 가끔 만나는데, 요즘은 SNS에서 알지도 못하는 사람에게서 악의적인 말을 듣거나, 나는 틀렸고 자기는 옳다고 주장하는 사람을 만나기도 해요. 그런 사람한테는 어떻게 대처해야 할까요?

 정말 골치 아픈 문제예요. 저도 자주 고민합니다. SNS에서 악의적인 메시지를 받거나 자기가 우월하다고 주장하는 사람을 접하면 반응을 보이지 않고 무시하는 것이 가장 좋다고 생각해요.

 댓글을 다는 등의 대응을 전혀 하지 않는다는 뜻인가요?

 맞아요. 부정적인 댓글이 달려도 답글을 달지 않고 반박도 하지 않은 채 그냥 방치하는 거예요. 악담을 하는 사람은 상대가 부러워하거나, 화가 나거나, 태도를 바꾸거나, 사과하기를 기대하고 있어요. 이쪽이 반응을 보이지 않으면 더 이상 할 수 있는 게 없죠.

 아, 그렇군요. 하지만 그럴싸한 논리를 써 놓을 때도 있어서 나도 모르게 '잘 배웠습니다', '지적 감사합니다'라고 반응할 때도 있어요.

 현실의 인간관계에서는 그런 대응도 유효할 수 있죠. 하지만 인터넷 세계에서는 악의를 품고 다가오는 사람에게 한 번이라도 반응을 보이면 '이 사람은 반응하는구나!', '이 사람한테는 이래도 되는구나' 하고 인식되어 더 많은 악성 댓글이 달리기 쉬운 것 같아요.

 하지만 방치하기만 하면 그만둘까요? 더 심한 말이 날아오는 게 아닌지······.

 밀쓤데로 '마지막 한 방!'이라는 느낌으로 강한 말을 던지는 사람도 있지만, 그건 그 사람도 필사적이라는 증거예요. 공을 던져도 반응이 오지 않으니까 계속 공을 던져서 주의를 끌려고 하는 거죠. 하지만 이쪽이 공을 줍지 않는 한 그 게임은 진행되지 않습니다. 주도권을 잡은 건 이쪽이에요.

 주도권은 나에게 있다!

 '현실의 인간관계에서는 차마 할 수 없는 말을 아무렇지도 않게 하는구나' 하고 느꼈다면 바로 차단해도 된다고 생각해요. SNS의 차단 기능이나 신고 기능을 잘 활용하세요. 잘 모르는 타인과 이어지는 것이 당연해진 요즘에는 단호하게 자신을 지키는 기술도 필요하다고 생각해요.

 현실의 인간관계라면 만났을 때의 분위기나 인상으로 '이 사람과는 거리를 두는 게 좋겠다'라고 판단할 수 있어요. 하지만 인터넷 세계에서는 어렵죠…….

내 마음의 평안이 제일 중요하다

 또 하나 말하고 싶은 것은 일방적으로 악의가 담긴 말을 던지거나 자기의 우월함을 주장하는 사람은 캐치볼이 아니라 피구 같은 대화를 하고 있다는 거예요.

피구요? 초등학생 때 자주 했던.

 캐치볼이면 상대가 잡기 좋게 높이나 속도를 생각하며 공을 던지죠.

 네, 상대를 보면서 조절해요.

 반면에 피구는 어떤가요?

 상대가 잡지 못하게 예상하기 어려운 방향으로 온 힘을 다해 던져요.

 맞아요. 피구는 상대를 공으로 맞추는 게 목적이에요. 악의가 담긴 말을 던지는 사람이 그래요. '내가 이겼다!', '상대를 경기장 밖으로 쫓아냈다!'라고 느낄 때까지 공을 계속 던지는 거예요. 날 이해할 마음이 없고 허섬만 노리는 사람과 대화하려고 노력하는 것은 계속해서 자신을 위험에 노출하는 일이죠.

 그렇구나……. 캐치볼을 할 생각으로 무심코 대응하다가는 큰코다치겠어요.

 그렇죠. 애초에 서로 완전히 다른 걸 하고 있으니까요. 악의에 반응하는 건 자기도 모르는 사이에 나를 맞추려는 피구 경기장에 발을 들여놓는 거예요. 상대가 노리는 바죠.

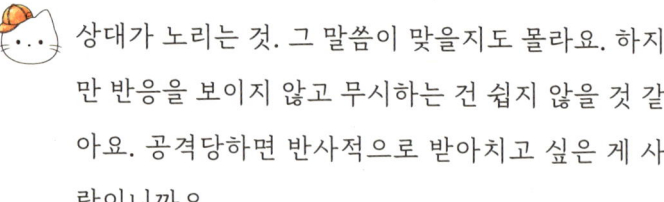 상대가 노리는 것. 그 말씀이 맞을지도 몰라요. 하지만 반응을 보이지 않고 무시하는 건 쉽지 않을 것 같아요. 공격당하면 반사적으로 받아치고 싶은 게 사람이니까요.

 저도 무심코 반응하고 나중에 반성하는 일이 있어

요⋯⋯.

 선생님도⋯⋯.

 악의의 힘은 정말 무시무시하거든요. 그때 떠올리는 게 조금 전 말씀 드린 피구예요. SNS에 뭔가 쓸 때는 '지금 일방적으로 공을 맞는 피구 경기장에 들어가려고 하지 않는가?' 하고 스스로 질문을 던져봅시다. 그와 함께 늘 나에게 들려주는 말도 있어요.

 어떤 말인가요?

 '내 마음의 평안이 제일 중요하다'예요. '공격하는 쪽이 나쁜데 왜 내가 피해야 하지?'라는 생각이 들 때도 있지만, 좀 더 큰 관점에서 내 인생을 생각해 보는 거예요. 얼굴도 이름도 모르는 사람을 신경 쓰는 것보다 내 정신 선킹이 더 중요하니까요.

 정말 그래요.

 이럴 때도 내가 주도권을 잡는 거예요. '어디 사는 누군지도 모르는데 악의를 던지는 사람에게 에너지를 소비하기보다는 내 마음의 평안을 지키는 쪽을 선택할 거야'라고 생각하고, 악의 담긴 말에 반응하지 않으려고 주의합니다. 그런 사람보다는 늘 나를 지켜보는 사람들, 나를 지지하는 사람들을 의식하면 불필요한 메시지를 남겨 나중에 후회하는 일은 줄어들어요.

 미리 그렇게 마음을 정하면 반사적으로 반응하거나 마음이 상하는 일이 조금은 줄어들 수도 있겠어요.

 그래요. SNS에서도, 현실의 인간관계에서도 누구나 자기에게 기분 좋은 공간을 만들 권리가 있어요. SNS는 적당히 즐거울 만큼만 하고 다른 사람들의 반응에 일일이 신경 쓰지 않는 게 좋습니다.

SNS의
불쾌한 메시지에는···

반응하지 않는다. ○

반박하거나 상대를
설득하려고 노력한다. ✕

마음의 기술 9
악의가 담긴 말은 무시한다.

10일
내 자리가 없다

지금 있는 곳이 전부는 아니다

 지난번에 이 세상에는 나와 맞는 사람이 있는가 하면 맞지 않는 사람도 있고, 그게 자연스러운 일이라는 이야기를 했어요. 학교나 회사, 이웃과의 관계도 마찬가지예요.

 사람뿐만이 아니라 내게 맞지 않는 조직이나 단체도 있을 수 있다는 말씀이군요.

 그래요. 딱히 싫은 사람이 있는 것도 아닌데 어쩐지

그곳에 있기가 불편하거나, 분위기에 적응할 수 없을 때가 있죠.

 제 고등학교 생활이 바로 그랬어요. 불편한 애들도 있었지만, 대부분 좋은 애들이었거든요. 하지만 어째서인지 3년 내내 적응하지 못했어요. '이게 아닌데', '안 맞아' 같은 이질감을 느끼며 학교에 다녔어요.

 학교는 살고 있는 지역, 성적, 부모님의 선택 등으로 결정되니 운에 좌우되는 셈이죠. 게다가 한번 입학하면 도중에 전학하거나 그만두기는 어려우니 학교가 안 맞는 사람이 많을 수밖에 없어요.

 입학하자마자 저랑 안 맞는다고 깨달았어요. 하지만 3년 동안 그저 참을 수밖에 없었죠. 당시 제게는 학교 생활이 인생의 중심, 인생의 전부라는 느낌이었어요. 거기서 빠져나오는 건 불가능하다고 느꼈어요.

 탈출구가 없다고 생각하면 점점 더 괴로워지면서 본래 가지고 있던 능력을 발휘하는 것도 힘들어져요.

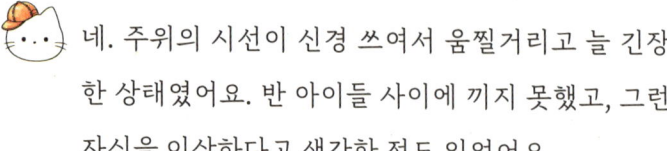

네. 주위의 시선이 신경 쓰여서 움찔거리고 늘 긴장한 상태였어요. 반 아이들 사이에 끼지 못했고, 그런 자신을 이상하다고 생각한 적도 있었어요.

그때의 K를 만난다면 자책하지 말라고 말해 주고 싶어요. 들어간 학교가 공교롭게도 자신에게 맞지 않았을 뿐이에요. '왜 난 적응을 못 하지?' 같은 생각은 하지 않아도 좋아요. 지금 있는 장소가 인생의 전부는 아니고, 눈을 밖으로 조금만 돌리면 다른 세계가 얼마든지 펼쳐지니까요.

어른이 되어서 다양한 세계를 알고 깨달은 건데, 특히 학교라는 사회는 정말로 좁고 제한된 공간이에요. 졸업하면 평생 다시 안 만날 사람이 대부분이고요.

맞아요. 그러니까 지금 학교에 내 자리가 없다고 해서 괴로워할 필요 없어요. 앞으로 나에게 맞는 장소를 발견해 가면 되니까요.

그 말씀, 고등학생이었던 저에게 들려주고 싶어요. 분명 안심했을 텐데…….

고등학교를 졸업한 후에는 자신의 자리를 찾을 수 있었나요?

 네. 시간은 조금 걸렸지만 발견했어요. 지금도 그때 만난 친구들하고는 아주 좋은 관계를 맺고 있어요.

 잘 됐어요. K처럼 환경이 바뀌면 자신에게 맞는 장소나 친구를 발견하는 경우가 많아요.

나와 잘 맞는 사람들을 찾아보자

 하지만 제게 맞는 사람들을 찾는 건 쉽지 않은 일이에요. 저는 운이 좋아서 잘 맞는 사람들을 만날 수 있었지만, 그 외에는 마음 편한 커뮤니티를 더 이상 찾지 못했어요.

 어른도 자기 자리가 있는 사람은 많지 않을 거예요. 하지만 마음 편히 머물 곳이 없다면 스스로 만들 수도 있어요.

스스로 만든다고요?

 사실 저도 고등학교 생활에 적응하지 못했어요. 그때 저를 지탱해 준 게 애니메이션과 만화였어요. 학교와는 관계없는 곳에서 동아리를 조직하고 동인지를 만들었죠.

 와, 대단하시네요.

 원래는 그렇게 적극적인 편이 아닌데 좋아하는 일이니까 할 수 있었어요. 애니메이션이나 만화를 통해서 학교 밖의 세계와 이어진 덕분에 괴로운 고등학교 생활을 이겨낼 수 있었어요. 지금도 애니메이션과 만화를 사랑합니다. 제 마음의 버팀목이죠.

 그렇게 자기가 좋아하는 것에서 시작해서 내 자리를 찾아가는 것도 방법이겠네요. 지금 있는 괴로운 장소에서 당장 빠져나갈 수 없더라도, 다른 세계가 있다는 걸 알고 있으면 괴로움도 누그러질 것 같아요.

 맞아요. 스스로 자신의 자리를 만들기 어렵다면 요즘

에는 온라인으로 다른 세계와 연결될 수 있어요.

 어떻게요?

 예를 들면 부모님이나 상담 선생님처럼 믿을 만한 어른이 추천하는 심리 상담 관련 사이트에서 요즘 청소년들이 뭘 고민하는지 다양한 상담 사례를 찾을 수 있을 거예요. 현재진행형으로 고민하는 또래 아이들의 생생한 목소리를 들을 수 있겠죠. 어디에 사는 누구인지는 모르지만, 나와 같은 문제로 고민하는 사람이 이 세상 어딘가에 있다는 것을 알기만 해도 '혼자가 아니야'라고 생각할 수 있어요. 외로움도 조금은 덜 수 있을 거예요. 무엇보다도 주변에서 나와 같은 취미가 있는 사람들, 마음이 편해지는 모임을 찾아볼 수 있죠.

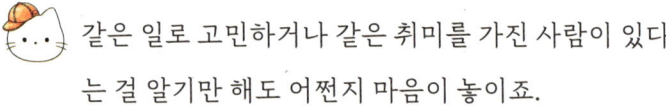 같은 일로 고민하거나 같은 취미를 가진 사람이 있다는 걸 알기만 해도 어쩐지 마음이 놓이죠.

그동안 다양한 집단에 소속되어 보았지만, 지금까지 이어지며 편안하게 느껴지는 모임은 정말 몇 안 돼요. 내가 있을 곳이 한 곳이라도 있다는 건 기적인지도 몰라요. 앞으로도 소중하게 지키고 싶어요.

인생의 다양한 시기를 거치면서 계속 관계가 이어진다는 건 대단한 일인 것 같아요.

맞아요. 지금까지 속했던 집단은 보통 역할이 끝나면 빠져나오거나, 나와 맞지 않는다는 느낌에 멀어지거나, 도중에 관계가 자연히 소멸하면서 어떤 타이밍에 끝났거든요. 계속 이어지는 모임은 한두 개뿐이에요.

선생님도 오랫동안 소속한 모임은 한둘뿐이군요…….

어쩐지 마음이 놓여요.

 그러니까 지금 소속된 집단이 내게 맞지 않는다고 느끼는 사람도 '살아 있는 동안에 한 곳이라도 내 자리를 찾으면 행운이다'라는 가벼운 마음으로 초조해하지 말고 담담하게 버려봅시다.

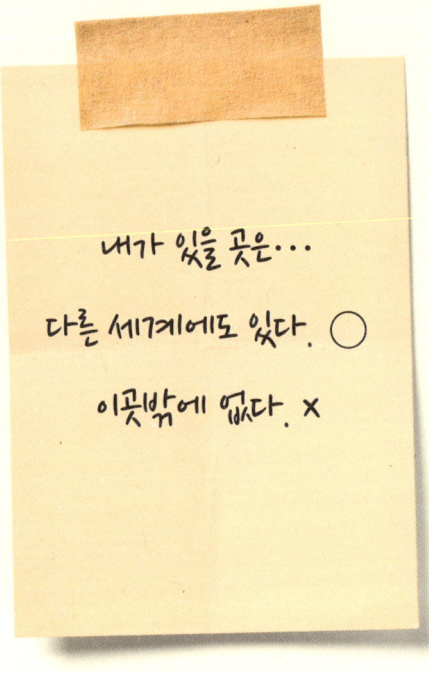

마음의 기술 10

현재 있는 곳이 불편하다면 다른 세계로 눈을 돌려 보자.

제4장

부모님과의 관계가 힘들다

일일이 참견해서 짜증난다.
함께 있으면 왠지 피곤하다.
뭔가 하려고 하면 늘 부정적이다.

부모님은 왜 그럴까?
그런 생각이 들 때 이 장을 참고하세요.

11일
부모님의 의견은 절대적이지 않다

부모님과 부딪치는 것은 성장의 증거

 학교 상담사로서 청소년과 이야기하다 보면, 부모님과의 관계 때문에 고민하는 사람이 정말 많다는 걸느껴요.

 저도 10대 때는 부모님과 자주 부딪쳤어요. 서로가'이 정도는 이해해 줬으면 좋겠다'며 상대가 굽히길바라는 마음이 있어서였을까요? 갑자기 험한 말이나오기도 하고요…….

인간관계를 둘러싼 고민은 다양한데, 나와 가까운 관계일수록 어려워요. 특히 부모님과의 관계는 어른 이 된 후에도 고민하는 사람이 많아요.

 간단히 잘라낼 수 없고 계속 이어지는 관계니까요. 부 모님과의 관계에서 주의해야 할 포인트가 있을까요?

 우선 부모 자식 간에는 많든 적든 갈등이 있는 게 자 연스럽다는 걸 기본 전제로 받아들여야 해요. 특히 청소년이 부모님과 부딪치거나 부모님에게 짜증이 나는 건 '자아'를 갖기 시작했다는 증거죠. 아주 건전 한 상태라고 할 수 있어요.

 부모님에게 '짜증스럽다', '싫다', '하나도 알아주지 않는다' 같은 부정적인 감정이 올라오는 게 아주 자 연스러운 일이라고요?

 네. 부모님에게 그런 느낌이 든다는 건 자아가 성장 하고 있다는 증거예요.

 요즘에는 친구처럼 사이가 좋은 부모 자식 사이도 있

다고 하고, 반항기가 없는 사람도 있다고 들었어요.
그런 사람은 부모님과의 갈등이 없는 것 아닌가요?

 이야기를 들어 보면 그런 사람에게도 역시 갈등은
있는 것 같아요. 예를 들면 '부모님의 조언은 전부 받
아들여야 한다'라든가 '부모님에게 뭐든 다 이야기
해야 한다' 같은 압박을 느끼는 사람도 있고요.

 듣고 보니 그런 것도 또 갈등이 되겠어요……. 사이
가 좋아도, 나빠도 어떤 형태로든 갈등이 있는 게 부
모 자식 간이네요.

 맞아요. 부모 자식 간의 갈등은 아이가 어른으로 성
장해 가는 과정에서 필수불가결한 거예요. 게다가
어른이 되어도 갈등은 이어지죠.

 어른이 되고 나서 부모님과 사이가 어긋나는 사람도
많죠.

 정말 많아요. 그럴 때도 부모님과 잘 지내지 못하
는 자신을 책망하거나 '나를 낳고 이만큼 키워줬는

데······' 하며 죄책감에 시달리지 않아도 괜찮아요.
10대가 아니더라도 부모 자식 사이에는 갈등이 있는
게 자연스러우니까요.

자식이 먼저 부모 품을 떠나자

 10대 때 어려운 건, 부모님과 삐걱거릴 수 있는 시기
인데 부모님에게 의지하지 않으면 살아갈 수 없다는
거예요. 부모님한테 짜증이 나지만, 의식주를 해결

하려면 일일이 부모님의 도움을 받아야 하고, 교통비와 학용품비를 받지 못하면 학교에 다닐 수도 없죠. 어른이 되면 다른 사람의 허가나 도움 없이도 자기 일을 스스로 결정할 수 있는데, 10대에는 그렇게 할 수 없어요.

 맞아요. 부모님한테 화가 나는데도 그냥 따라야만 한다고 생각하면 힘들죠.

 10대는 정말 어중간한 시기네요…….

 저는 부모님과의 관계 때문에 고민하는 사람과 이야기할 기회가 있으면 아까처럼 부모님에게 부정적인 감정을 갖는 건 자연스러운 일이라고 말해요. 그런 다음 '경제적인 면은 내버려두고, 우선 정신적인 면에서부터 독립하자. 그리고 부모라는 존재를 넘어서자'라고 제안할 때가 있습니다.

 부모를 넘어선다?

 10대 후반은 부모와 자식의 관계에 아주 큰 변화가

일어나는 시기입니다. 그때까지는 계속 '보호자와 피보호자', '가르치는 쪽과 배우는 쪽'처럼 역할 분담이 명확했는데, 그런 관계가 점점 모호해지죠.

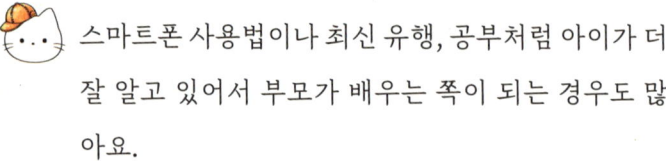 스마트폰 사용법이나 최신 유행, 공부처럼 아이가 더 잘 알고 있어서 부모가 배우는 쪽이 되는 경우도 많아요.

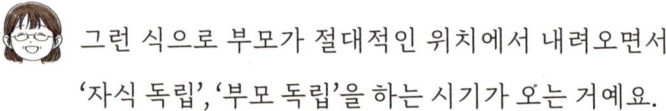 그런 식으로 부모가 절대적인 위치에서 내려오면서 '자식 독립', '부모 독립'을 하는 시기가 오는 거예요.

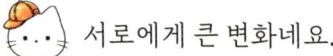 서로에게 큰 변화네요.

그런 부모 자식 간의 변화를 먼저 깨닫는 건 대부분 아이 쪽이에요. 부모는 언제까지고 아이를 이끌어가려고 하면서 변화를 받아들이는 데 시간이 걸리는 경우가 많아요.

아이가 성장해 가는 속도를 부모가 따라가지 못하는 것인가요?

그래요. 부모에게서 독립하는 것보다 아이에게서 독립하기가 훨씬 더 어려워요. 부모가 잔소리하는 것은 물론 자녀를 걱정해서 그런 거지만, 부모 자신이 아이의 성장이나 변화를 받아들이지 못하고 과도하게 간섭하는 경우도 많거든요. 그러니까 부모 자식의 관계가 변했다는 것을 먼저 깨닫는 쪽, 즉 아이가 먼저 부모 품을 떠나는 게 더 수월합니다.

 먼저 깨달은 쪽이 여행을 떠날 준비를 시작하는 건가요?

 그 말씀대로예요. 멋진 말이네요. 저도 써야겠어요 (웃음). 이제 막 성장한 젊은 세대가 사고방식이나 행동도 더 유연하니까요.

 하지만 아무리 아이가 '어른'스럽게 대응해도 부모님은 변함없이 잔소리하고 간섭하겠죠.

 그럴 거예요. 쉽게 잔소리를 멈추진 않겠죠. 이것저것 간섭한다고 해도 부모님의 말을 골라 들으면 돼요. 부모님의 의견은 절대적인 게 아니라 어디까지

나 참고 정보 중 하나입니다. 나에게 그 정보가 도움이 된다고 생각되면 듣는 거고, 필요 없다고 느껴지면 흘려들으세요. 10대는 그런 판단을 할 수 있는 나이거든요.

 '잔소리가 심해도 부모님이니까 따를 수밖에 없다'고 생각하는 게 아니라 '내 인생은 내가 제대로 선택한다'는 의식이 중요하겠네요. 그런 식으로 생각할 수 있다면 부모님의 의견에 휘둘리는 느낌은 줄어들고, 부모님이 하는 말을 흘려들을 수 있을지도 모르겠어요.

 그런 식으로 우선 정신부터 부모님에게서 독립하면서 적절한 거리감을 찾는 사이 '쓸데없이 반항적인 말을 하거나 태도를 보여도 의미가 없구나'라고 생각하게 되면 부모님과 부딪치는 일도 줄어들 거예요.

 앞에서도 나왔는데, 부모님도 고민을 안고 있는 한 명의 인간이라고 생각할 수 있게 되면서 어른이 되는 건지도 모르겠어요.

그래요. 10대는 경제적으로나 사회적으로 아직 미숙해요. 아직 아이 취급받는 어정쩡한 시기일 수도 있죠. 하지만 정신은 아주 빠른 속도로 어른이 되어가고 있습니다. 우선은 정신적인 면부터 부모님에게서 독립하는 거예요. 그런 다음 언젠가 경제적으로나 사회적으로도 독립할 수 있게 자기 자신을 키워갑시다.

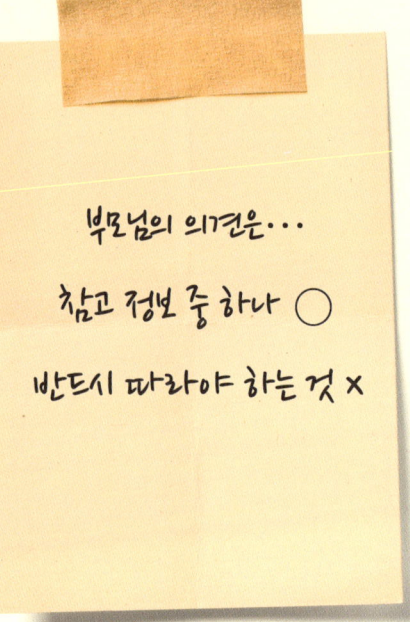

마음의 기술 11

부모님의 말은 골라 들어도 된다.

12일
해로운 부모님이라면

함께 하기 힘든 부모는 포기한다

 지난번 자식이 먼저 부모님을 떠나자, 그리고 부모님을 뛰어넘자고 이야기했습니다. 그런데 안타깝게도 자녀가 여행을 떠나려 하는데 언제까지고 아이의 발목을 붙잡는 부모도 있어요.

 제 주위에도 있어요. 자식이 어른이 됐는데도 '부모가 하는 말은 절대적'이라는 가치관을 강요하거나 자기 생각대로 되지 않으면 역정 내는 부모님 때문에 고민하는 거예요.

자녀에게서 독립하는 데 시간이 걸리는 사람은 많아요. 그래도 건전한 부모라면 아이가 떠나가는 것을 받아들이려고 노력합니다. 그리고 어느새 자기를 뛰어넘게 된 아이를 보고 기뻐하죠.

 하지만 실제로는 그렇지 않은 부모님도 있어요…….

 유감스럽지만 그래요. 자식은 점점 성장하고 있는데, 조금도 변하려 하지 않고 아이의 세계를 무시한 채 부모의 세계로 끌어들이려고 하는 부모도 있어요.

 독이 되는 부모, '독친(毒親)'이라는 말도 있는데 바로 그런 이미지네요.

 독친의 명확한 정의는 없지만, 과도한 간섭, 폭언, 폭력 등으로 아이를 자기 마음대로 하거나 부모 자신을 우선시하고 아이를 돌보지 않는 부모를 설명하는 말로 자주 쓰여요.

 만약 자기 부모가 그런 사람이라면 너무 힘들고 정말 상처가 클 것 같아요. 특히 10대 때는 부모를 나쁘게 생각하는 게 자기 자신을 부정하는 것처럼 느껴지니까요…….

 맞아요. 학교에서 상담할 때도 부모님 때문에 힘들어하면서도 동시에 부모님에게 칭찬받고 싶어서 괴로워하는 사람이 많아요.

 가장 칭찬받고 싶은 사람에게 칭찬받지 못하면 괴롭죠…….

 제 이야기인데, 사실 저도 10대 때부터 계속 어머니와의 관계 때문에 고민해 왔어요. 어머니가 원하는 인생을 택하지 않았기 때문에 지금까지 어머니한테 칭찬받았다는 느낌을 거의 받은 적이 없거든요.

 선생님도……!

 제 어머니를 포함해서 그런 부모님은 자기 생각대로 됐을 때만 아이를 칭찬합니다. 자기 말을 들었으니까 잘 풀렸다고 생각하고, 자기 기대와 조금이라도 어긋나면 아이를 공격하죠. 아이가 영원히 자기 말을 잘 듣는 것이 그런 부모의 바람이거든요.

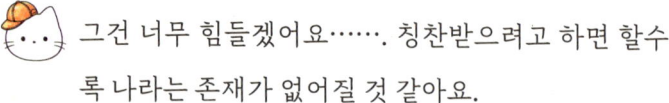 그건 너무 힘들겠어요……. 칭찬받으려고 하면 할수록 나라는 존재가 없어질 것 같아요.

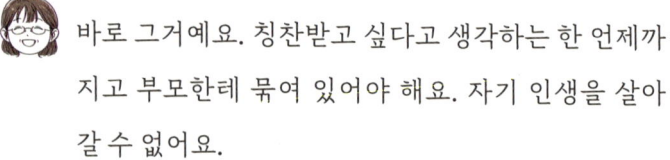 바로 그거예요. 칭찬받고 싶다고 생각하는 한 언제까지고 부모한테 묶여 있어야 해요. 자기 인생을 살아갈 수 없어요.

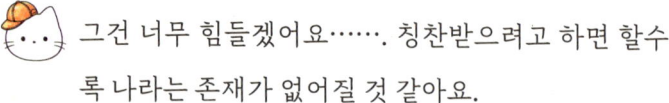 그런 부모와는 어떤 식으로 관계를 맺어야 하나요?

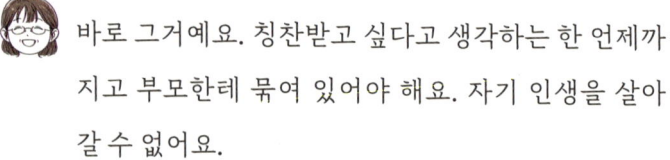 조금씩 거리를 둘 수밖에 없어요. 부모가 바뀌려고 하지 않는데 언젠가 바뀔 거라고 기대하고 있으면 몇 번이고, 몇 번이고 자기가 상처 입게 됩니다. 그런 부모는 어떤 의미에서는 포기할 수밖에 없어요. 자식으로서 매우 힘든 일이지만…….

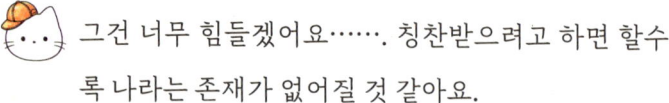 포기할 수밖에 없다……. 하지만 거리를 둔다 해도 10대에는 집을 나와서 혼자 사는 것도 어렵죠.

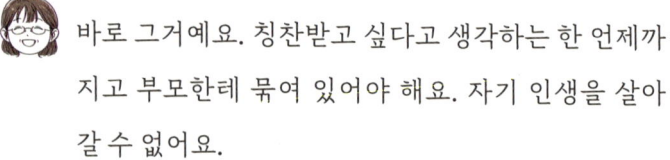 그래요. 우선은 잠시라도 좋으니까 부모에게서 떨어

져서 자기 마음의 안전을 확보할 수 있는 장소, 예를 들면 자기 방이나 도서관 같은 곳에서 보내는 시간을 늘리는 것도 좋아요. 부모의 화나 폭언을 계속 견뎌야 하는 환경에서는 자신에 대해 차분하게 생각하는 일도 어려우니까요.

 일단 위험한 장소에서 멀어지는 거네요.

 맞아요. 동아리 활동에 매진하거나 좋아하는 일에 몰두하는 것도 좋습니다. 우선은 물리적으로 거리를 두는 게 중요해요. 간섭당하고 화풀이 대상이 되는 시간을 조금씩 줄여나가는 거예요. 벗어나 있을 수 있다면 마음에도 여유가 생길 거예요. 안전한 장소에서 상처받지 않게 관계를 유지하는 법을 찾아봅시다.

부모님이 돌아가신 후에 알게 되는 것도 있다

 선생님도 어머님과 거리를 두었나요?

 그랬어요. 저도 10대 때는 어머니한테 칭찬받고 싶었

지만, 도중에 포기했어요. 어머니와는 거리를 두고, 어머니에게 칭찬받기 위해서가 아니라 나를 위해 악착같이 살아왔어요.

 그런 선생님을 보고 어머님은 어떤 반응을 보였나요?

 계속 불만을 토로했어요. 하지만 그건 어머니 자신의 문제예요. 내 인생은 내가 올바로 살아간다면 그걸로 충분하다고 생각했어요. 지금까지 살아오며 다양한 실패도 겪었고, 어머니에게서 심한 말을 들은 적도 있었어요. 하지만 좋은 일도 나쁜 일도 다 포함해서, 이제껏 일어난 모든 일들을 잘 헤쳐 나온 현재의 나를 많이 칭찬해 주고 싶습니다.

 지금 어머님과는 어떤 관계인가요?

 사실 작년에 어머니가 돌아가셨어요. 지금은 어머니와 관련된 마음의 갈등이나, 지금까지 들어온 폭언에 대한 화는 거의 해소되었어요.

 저런.

어머니가 돌아가시기 직전까지 갈등이 있었어요. 그런데 어머니를 보내드리고 유품을 정리하던 중에 몇 년 전 제가 글을 쓴 잡지를 발견했어요. 제 기사에 포스트잇이 붙어 있었고, 반복해서 읽은 흔적이 있었어요. '엄마는 나한테 관심이 없어', '내 일 같은 건 이해하지도 못해'라고 계속 생각했는데 사실은 그렇지 않았을지도 모른다고 생각하자 뭉클했습니다. 어머니가 돌아가셨으니 진짜 어땠는지는 알 수 없지만 제가 몰랐던 어머니의 모습을 본 것 같았어요. 많은 일이 있었지만 '낳아주셔서 고맙다', 지금은 진심으로 그렇게 생각해요.

 상대가 죽은 후에 바뀌는 인간관계도 있군요.

 그래요. 하지만 이건 어디까지나 제 경우예요. 부모님과의 갈등은 해소되지 않을 수도 있고, 부모님을 계속 미워해도 괜찮습니다. 중요한 건 부모가 어떤 사람이든 내 인생은 내가 제대로 선택해야 한다는 거예요.

 역시 내 인생은 내가 선택한다는 마음가짐이 중요하

군요.

 네. 스스로 칭찬할 수 있는 인생을 살아가는 것이야 말로 진정한 독립이고 효도라고 저는 생각해요. 자기 인생을 사는 것은 부모님을 배신하는 것도 아니고, 불효도 아니에요. 죄책감을 느낄 필요 없습니다. 내가 살아갈 길을 잘 골라 묵묵히 걸어갑시다.

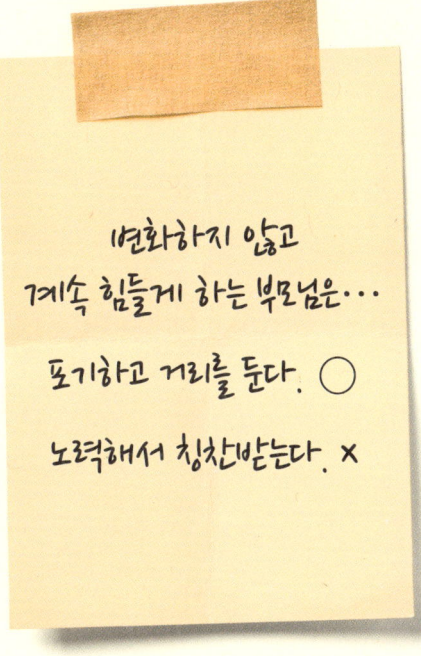

마음의 기술 12
내 인생은 부모님이 아니라 내가 선택한다.

제5장

삶이
편해지는
작은 습관

이렇게 생각하면 조금은 살기 편해진다.

이렇게 하면 다른 사람과의 갈등이 줄어든다.

아무리 애써도 힘들 때는 이렇게 한다.

사소한 행동이지만 효과는 큽니다.

이번 장에는 그런 작은 습관을 모았습니다.

13일
다른 사람과 나 사이에 경계선을 긋는다

경계선이 있으니까 안심할 수 있다

 '나와 타인 사이에 경계선을 긋자'는 말을 들으면 어떤 느낌이 드나요?

 음, 서로 '이 선 안으로는 들어오지 마', '이쪽으로 오지 마' 하는 것 같아 차가운 느낌이에요.

 말씀대로 서로 이 이상 다가가지 말자는 느낌이 있죠. 하지만 타인과 나 사이에 경계선을 긋는 일은 내 마음을 지킬 때 필수적인 기술입니다. 게다가 나쁜

만이 아니라 상대방을 존중하는 일이기도 해요.

 경계선을 긋는다고 하면 다가오지 못하게 하거나, 거부하는 것 같은데 그런 게 아닌가요?

 네. 실제로는 반대라고 할 수 있어요. 경계선이 있으므로 서로 안심하고 함께 있을 수 있거든요. 동물을 예로 떠올리면 이해하기 쉬울 거예요. 어떤 동물이든 영역 의식이 있어서 그 안으로 섣불리 들어가거나 너무 가까이 다가가면 공격받거나 위협당하죠.

 아, 맞아요. 제 반려견도 몸 어디를 만지든 대체로 괜찮은데, 이빨이나 입처럼 예민한 곳을 건들면 아주 싫어해요.

 '여기는 건들지 마!' 하고 신호를 보내는 거죠. 인간도 동물이니까 비슷합니다. '여기부터는 들어오지 말 것'이라는 경계 의식이 있어요. 예를 들면 승객이 별로 없는 전철에서 낯선 사람이 굳이 내 옆자리에 앉으면 마음이 어떨까요?

약간 무섭다는 느낌이랄까? 바로 일어나서 다른 차량으로 가요.

 공포죠. 그렇게 느끼는 건 상대방이 이쪽 경계선을 넘어와서 위험을 감지했기 때문이에요. 그런 식으로 '물리적 경계' 의식을 가지고 타인과 일정한 거리를 유지해서 자신을 지키는 거예요.

 모르는 사람과 물리적 거리가 가까워지면 '싫다'는 느낌이 드는 것도 그런 이유군요.

 그래요. 또, 우리 인간은 물리적 경계와 함께 '심리적 경계' 의식도 강합니다. 언급하고 싶지 않은 화제를 아무렇지 않게 꺼내거나, '네가 나쁘잖아' 하고 일방적으로 결론 내리면 화나죠.

 '내 사정은 아무것도 모르는 주제에!' 하는 생각이 들어요.

 조금 전 전철 자리 이야기와 마찬가지예요. 상대가 심리적 경계선을 넘어서 안으로 무단 침입했기 때문이에요. <mark>물리적이든, 심리적이든 경계선 안쪽은 누구도 건들 수 없는 나만의 소중한 세계</mark>예요. 문을 두드리지도 않고 들어오면 공포감을 느끼거나, 화가 나는 게 당연해요.

 그러고 보니 얼마 전 제가 맛집이라고 생각하는 라멘 가게에 대해 최근에 알게 된 사람과 이야기했던 일이 생각나요. 그 가게를 추천했더니 '거긴 맛없잖아. 맛있는 가게가 얼마나 많은데'라며 반쯤 웃으며 말하는 거예요. 찜찜한 기분이었어요.

 자신의 생각을 전면 부정당하면 충격이 크죠. 좋아하는 가게나 음식 취향은 경계선 안쪽의 일인데, 그 사람은 선을 넘어 자신의 취향을 타인에게 강요했으니 그런 느낌을 받는 게 당연해요.

 그 자리에서는 그냥 웃고 넘겼어요. 하지만 그때 저는 심리적 경계선을 침범당해서 소중한 세계에 상처를 입었던 거네요…….

 그와 반대로 자신이 다른 누군가를 짜증나게 했거

나, 화나게 했거나, 불쾌하게 만든 적은 없나요?

 있어요……. 얼마 전에 실수를 저질렀어요.

 무슨 일이 있었나요?

 가족이 온라인 쇼핑으로 옷을 사려고 했어요. 어떤
색으로 할지 3일 정도 고민하길래 '이제 슬슬 정하지
그래? 시간이 아깝다'라고 말해 버렸어요. 그 후 크
게 싸우고 말았어요…….

 상대에게는 그 사람만의 속도가 있고 결정하는 방식
이 있는데, 내 기준으로만 생각하는 경우가 있죠.

 네. 나중에 반성할 때가 많아요…….

타인에게도 그 사람만의 세계가 있다

 방금 라멘 가게와 온라인 쇼핑 이야기를 해 주셨는
데, 둘 다 상대방의 경계선을 침범해서 생긴 갈등이

라고 할 수 있네요.

 경계선……! 말씀을 듣고 보니 그러네요.

 그렇게 타인과 갈등을 빚게 되는 배경에는 반드시 경계의 문제가 있습니다. '나와 남, 누가 옳고, 누가 그른가'처럼 '선악'의 관점에서 생각하기 쉬운데, '경계선을 침범했다, 침범당했다'라는 관점에서 갈등을 바라보면, 원인이 어디에 있었는지 명확해지죠.

 그렇군요. 지금까지는 '난 그럴 생각 아니었어'라든가 '네가 말하는 방식이 문제야'처럼 '사람'에 원인이 있다고 생각했어요. 하지만 '경계선을 침범해서 화가 났구나', '경계선을 넘어와서 짜증나는 거다'라고 생각하면 정말 이해하기 쉬워지네요. 게다가 사람에게서 원인을 찾지 않고 '경계선을 제대로 설정하지 않았다'거나 '경계선에 대해 오해가 있었다'라고 생각하면 받아들이기도 쉬워요.

 경계를 제대로 의식하지 않으면 타인의 세계에 함부로 들어가서 문제를 일으킬 가능성이 커집니다. 가까운 관계라고 해도, 타인의 경계선 안으로 들어갈 때는 '들어가도 될까?' 하고 한 마디 양해를 구하는 게 좋아요.

 남의 방에 들어갈 때는 가족이어도 문을 두드리거나 '들어갈게' 하고 미리 말하는데, 심리적 경계선은 눈에 보이지 않아서 의식하지 못할 때가 많죠.

 맞아요. 심리적 경계선은 특히 가까운 사이에 의식하지 못하는 경우가 많은데, 부부든, 부모 자식 간이든, 연인 사이든, 상대와 가치관과 사고방식이 얼마나 비슷하든, 나와 다른 부분은 반드시 있어요. 경계 의식을 갖는다는 건 '나에겐 나의 세계가 있듯이 타인에게는 그의 세계가 있다'라는 것을 존중하는 자세죠. 상대와 의견이 달라도 '그런 식으로 생각할 수도 있구나' 하고 상대를 받아들이는 일이기도 해요.

 타인과 나 사이에 경계선을 긋는 것이 나와 상대를 소중하게 여기는 길로 이어진다는 것이 무슨 의미인지 잘 알겠어요.

경계선을 긋는 것은 상대를 거부하는 게 아니라 존중하는 일로 이어집니다. 서로 상처 주는 일이 적어지고, 인간관계의 갈등이 많이 줄어들어요.

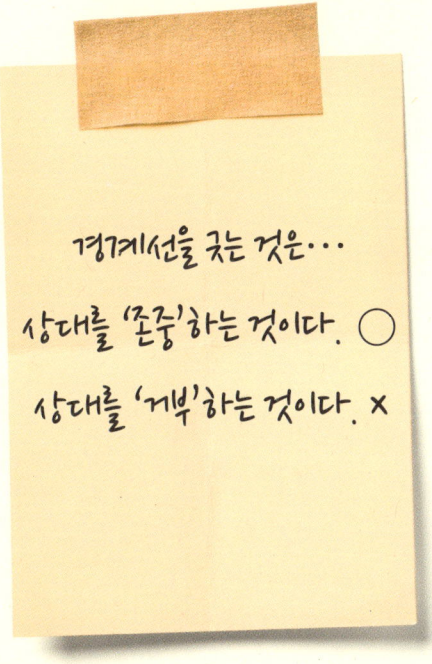

경계선을 긋는 것은···

상대를 '존중'하는 것이다. ◯

상대를 '거부'하는 것이다. ✗

마음의 기술 13
서로의 경계를 의식하면 갈등이 줄어든다.

14일
그것은 정말 나의 문제일까?

다른 감정을 더하지 않는다

 지난번 나와 타인 사이에 경계선을 긋는 것이 중요하다는 것을 이야기했어요. 경계를 의식하게 되면 타인과의 갈등이 줄어들 뿐 아니라 상대에게 다른 감정을 더하지 않아도 되니까 아주 편해진답니다.

 다른 감정을 더한다고요?

 지난번 라멘 가게 사례를 예로 들어 볼게요. 어쩌면 그 사람은 자기가 추천하고 싶은 가게에 대해 말하

고 싶었을 뿐이지, 상대를 공격할 의도는 없었을지
도 몰라요. 물론 상대가 추천한 가게의 요리에 대해
'맛없다'고 표현한 건 무례하지만요.

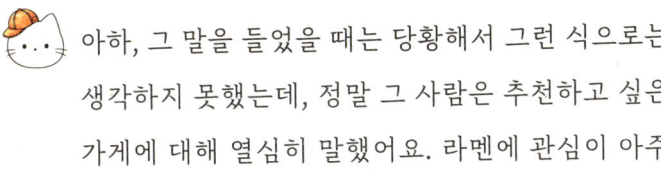 아하, 그 말을 들었을 때는 당황해서 그런 식으로는
생각하지 못했는데, 정말 그 사람은 추천하고 싶은
가게에 대해 열심히 말했어요. 라멘에 관심이 아주
많은 거 같더라고요.

온라인 쇼핑을 하던 가족을 화나게 했을 때도, 공격
할 의도는 없었잖아요.

네…… 결정 못 해서 힘들어 보이길래 '많이 생각했
으니까 이제 슬슬 정해도 되잖아?'라는 마음으로 가
볍게 말한 건데요.

그럴 거예요. 물론 악의를 가지고 경계선 안으로 들
어올 때도 있지만, '나도 모르게' 경계선을 넘어서 문
제가 생기는 경우도 많답니다.

일상생활에서 일어나는 작은 짜증이나 갈등은 거의

그런 식이 아닐까요?

 경계선을 넘어서 그 안에 있는 나의 소중한 세계로 들어오는 것만 해도 싫은데, '공격당했어', '어떻게든 받아쳐야 해' 같은 감정까지 덤으로 얹어서 반응하면 더 지치고 피곤해질 거예요.

 자기도 모르게 반박하고 싶어지죠……. 하지만 진짜 그러면 분위기가 험악해지거나, 더 귀찮은 일이 벌어져서 말씀대로 피곤해지고 말아요.

 그럴 때 경계 의식이 필요한 거예요. 곧바로 '공격당했다', '뭐라고 받아쳐야 해' 하고 반응하는 대신 '저 사람이 경계선을 넘어와서 짜증이 나는구나' 하고 생각한다면 반사적으로 대꾸해서 관계가 어긋나는 일도 적어질 거예요.

 그게 상대에게 또 다른 감정을 더하지 않는 요령이라는 말씀인가요?

 네. 반대로 다른 사람을 불쾌하게 만들었을 때도 마

찬가지로 경계 의식이 도움이 될 거예요. **'경계선을 넘어서 저 사람의 소중한 세계에 들어가는 바람에 화나게 만들었구나'라는 생각이 든다면 순순히 사과할 수 있을 테니까요.** '너의 소중한 세계에 함부로 들어가서 정말 미안해'라고 생각할 수 있다면 싸움이나 말다툼을 그 자리에서 잘 마무리하기도 쉽죠.

 그렇구나. 관계가 가까운 사람하고는 '넌 늘 그런 식이야'라며 과거의 사건까지 끄집어내서 너는 이렇다, 저렇다 하고 싸우기 쉬운데, 그런 일도 피할 수 있겠어요.

 그리고 다음에 똑같은 문제가 벌어지려 할 때 경계를 떠올리고 '저 사람의 소중한 세계니까 그냥 두자'라고 생각할 수 있다면 갈등으로 발전하지 않을 수 있어요.

 서로 경계를 의식하며 별개의 감정을 그 위에 얹지 않는다면 나도 상대방도 편해질 것 같아요.

'나 자신'과 '지금'에 집중한다

 여기서 하나 더 이야기하고 싶은 것이 있습니다. 다른 사람의 문제를 떠안는 것도 경계 의식이 불분명하기 때문이라는 거예요.

 다른 사람의 문제를 떠안는다고요?

 예를 들면 뭐든 자기 탓이라고 생각하면서 자기를 필요 이상으로 책망하거나 상대가 기분 나쁜 건 모두 자기가 잘못해서 그렇다고 믿는 거예요. 좋은 사람으로 보이고 싶어서 상대가 시키는 대로 하기도 하고요.

 그렇게 생각할 수도 있군요.

 그런 문제들은 사실 상대가 해결해야 하고 내 힘으로는 어쩔 수 없는 건데, 전부 자기와 관련지어서 생각하는 것도 경계가 흐릿해진 상태예요. 갈등을 겪기 쉽죠.

 그렇구나. 어쩔 수 없는 일을 자기 탓이라고 생각하

거나, 상대의 경계선 안에서 벌어지는 일에 집착하
는 것도 경계 의식이 흐릿해진 상태로군요.

 바로 그래요. 경계 의식이 흐리다고 하면 뭐든 남 탓
을 하거나 자기 생각대로 안 돼서 남을 공격하는 걸
떠올리죠. 무단으로 경계선을 넘어가는 이미지예요.
하지만 그것만이 아니에요.

 상대의 문제를 자기 것으로 끌고 와서 계속 생각하
고, 그 영향에 휘둘리는 것도 문제로군요……

그러면 너무 힘들어요. 내가 바꿀 수 있는 것은 내 경계선 안의 일뿐이에요. 상대의 경계선 안에서 벌어지는 일은 어떻게 할 수 없죠. 예를 들어 상대가 화가 났는데 나 때문인 것 같다면 원인을 짐작해서 사과할 수는 있겠지만, 그 이상은 아무것도 할 수 없어요. 그 사람의 화가 풀리지 않더라도 가만 내버려둘 수밖에 없죠.

 그럼 상대의 문제를 내 쪽으로 끌어오게 될 것 같을 때는 어떻게 해야 하나요?

 그럴 때 저는 '이게 정말 내 문제일까?' 하고 자문자답해 봐요. '상대의 문제를 내 문제로 끌고 온 것 아닌가' 점검하는 거예요. '아, 이건 상대방의 문제니까 나는 손댈 수 없어'라고 판단되면 그 문제에 거리를 둡니다. 나의 경계선 안에서 지금 할 수 있는 일만 하는 거예요.

 어떻게 할 수 없는 일은 그냥 두고, 할 수 있는 일에 집중하는 건가요?

네. 경계를 의식하기 시작하면 '이럴 때 나는 짜증이 나는 걸까?', '이런 상황에 영향을 잘 받는구나' 같은 느낌으로 '나'에 대해 깊게 이해할 수 있어요. 경계를 의식하고 나를 아는 것은 매우 중요합니다. 내 경계가 어디쯤 있는지 모르면 영역을 지킬 수 없으니까요.

 갈등을 통해 '나는 이런 사람이구나' 하고 깨닫는 일도 있고요.

 맞아요. 동시에 '타인'에 대한 이해도 깊어집니다. 일상생활에서 사람들과 여러 가지 갈등을 겪을 텐데요. 그럴 때 '이 사람은 이런 건 괜찮지만 이런 건 싫어하는구나' 하고 느끼면서 상대방을 알아가게 되는 거죠. 그렇게 사람과 사람 사이에서 고민하면서 서로 기분 좋은 거리감을 찾는 것이 '더불어 살아가기'의 기술입니다.

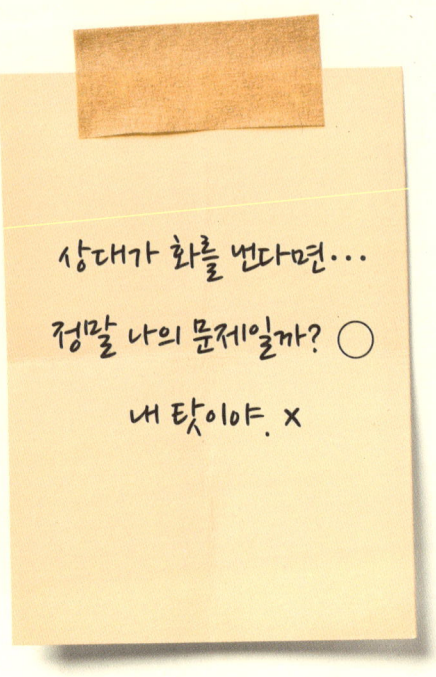

마음의 기술 14
내 경계선 안에서 지금 일어나는 일에 집중한다.

15일
고민을 혼자 끌어안지 않는다

다른 사람에게 말하고 공감받자

 지금까지 내 마음을 지키는 다양한 기술을 공부했어요. 오늘이 마지막 날이네요.

 아, 서운해요…….

 눈 깜짝할 새, 이렇게 시간이 흘렀네요. 마지막으로 내 마음을 지킬 때 아주 중요한 자세를 하나 말씀드릴게요.

중요한 자세? 어떤 걸까요?

 '혼자서 끌어안지 말기'입니다. 살다 보면 '힘들다'고 느낄 때가 있을 거예요. 그럴 때 가능하다면 누군가에게 고민을 말해 보세요. 다른 사람에게 고민을 잘 털어놓는 편인가요?

 아니요, 전혀. 나에 관해 이야기하는 건 부끄럽고, 상대방이 어떻게 생각할지 두려워요. 누구한테 털어놓자는 생각은 좀처럼 들지 않아요.

 물론 다른 사람에게 말하고 싶지 않으면 억지로 얘기할 필요는 없어요. 그게 가장 중요한 전제 조건입니다. 하지만 혼자 끌어안지 않고, 다른 사람과 고민을 공유한다는 선택지도 있다는 것을 늘 머리 한구석에 두었으면 좋겠어요.

 하지만 다른 사람한테 상담해도 당장 상황이 좋아지거나 문제가 해결되는 건 아니잖아요?

 그렇죠. 곧바로 해결되는 경우는 적을 거예요.

그렇겠죠.

 그럴 때 '어차피 남한테 말해도 의미 없어'라고 생각하지 않길 바랍니다. 다른 사람에게 상담하는 가장 큰 목적은 고민이나 문제를 해결하는 게 아니거든요.

 네……? 그러면 왜 다른 사람한테 상담하나요?

 상대에게 공감받기 위해서예요. 우리 인간은 비록 고민이나 문제가 바로 해결되지 않더라도 '누가 이야기를 들어주기만 해도 마음이 가벼워진다'는 특징이 있답니다. 무거운 짐을 혼자서 옮기면 힘들지만, 누가 도와주면 조금은 편해지죠. 그런 원리라고 보면 됩니다.

 고민이나 문제가 해결되지 않더라도 다른 사람이 이야기를 들어주는 것 자체에 이미 의미와 가치가 있다는 말씀인가요……?

 그래요. 우리가 얘기를 나눈 첫날, 고등학교 시절 낙오자가 된 느낌이었다고 했었죠? 이제는 당시의 일을 웃으며 이야기할 수 있다고도 했죠. 그렇게 생각할 수 있게 된 건 어떤 시점에서 누군가에게 당시의 일을 털어놓고 이해받았기 때문인지도 몰라요.

맞아요! 고등학교를 졸업한 후에 만난 친구한테 이야기했더니 '정말 힘들었겠다'라는 반응이 돌아왔어요. 그 말을 듣고 훨씬 편해졌던 기억이 있어요.

공감받은 덕분에 과거에 일어난 일의 의미가 변한 거예요. 그렇게 다른 사람에게 이야기하면서 우리는 힘을 얻고, 앞으로 나아갈 수 있어요.

저도 모르는 사이 실천하고 있던 거네요.

그래요. 그리고 다른 사람에게 상담할 때는 나에 대해 말로 설명하게 되죠. 말로 표현하면 자기도 잘 몰랐던 답답한 기분이 정리됩니다. 내 입에서 나온 말을 내 귀로 들으면, 말하는 동시에 그 말을 듣게 됩니다. 상대방에게, 또 나에게 조금이라도 이해하기 쉽게 말하려다 보면 머릿속이 정리됩니다. 그러면 해결을 향해 확실히 한 걸음 내디딘 셈이 되죠.

상담해도 되는 사람, 안 되는 사람

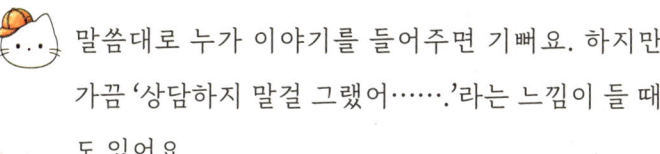 말씀대로 누가 이야기를 들어주면 기뻐요. 하지만 가끔 '상담하지 말걸 그랬어…….'라는 느낌이 들 때도 있어요.

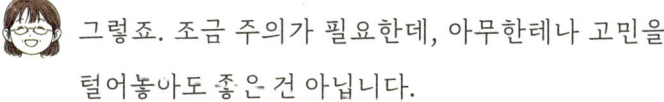 그렇죠. 조금 주의가 필요한데, 아무한테나 고민을 털어놓아도 좋은 건 아닙니다.

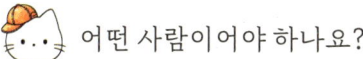 어떤 사람이어야 하나요?

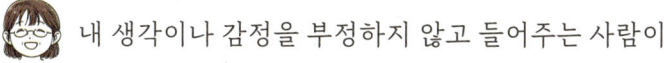 내 생각이나 감정을 부정하지 않고 들어주는 사람이

죠. 반대로 자기 가치관이나 사고방식을 강요하는 사람에게 상담하는 건 피하는 게 좋아요. 그 말이 옳거나 도움이 되더라도 일방적으로 강요하는 느낌이라면 불편하니까요.

 그렇군요. 그냥 제 감각으로 '이 사람은 자기 가치관과 사고방식을 강요하네'라고 판단해도 되나요?

 물론이에요. '널 위해서'라는 선의로 말하는 사람도 있겠지만 '힘들어' 혹은 '뭔가 아닌 것 같아'라는 느낌이 들었다면 멀어져도 괜찮아요. 그렇다고 포기하지는 말고 다른 사람을 찾아보세요. 가치관이나 사고방식을 강요하지 않고 이야기를 들어주는 사람은 반드시 있으니까요.

 정말 그럴까요……?

 반드시 있어요. 가족이나 친구 등 가까운 관계인 사람에게 얘기할 때는 '판단하지 말고 그냥 이야기를 들어주기만 하면 좋겠다'고 미리 말하는 게 좋을 수 있어요. 다만, 그렇게 부탁해도 자기 가치관과 사고방식을 밀어붙이는 사람은 있죠. 그럴 때는 '이 사람한 테는 말하지 말자'라고 판단하고 살며시 벗어나세요.

 가까운 사람에게는 말하기 어려운 내용도 있어요.

 그렇죠. 그럴 때는 저 같은 상담사에게 말하는 것도 방법이에요. 그런데 전문적으로 훈련받은 상담사도 자기 가치관이나 사고방식을 강요하는 경우가 있습 니다. '나랑 안 맞아'라고 느꼈다면 멀어지세요.

 전문가 중에도 그런 사람이 있군요…….

 유감스럽지만 있어요. 상담해도 안전한 사람이란 이 야기를 제대로 들어 주는 사람이에요. 말하기 부담 스러운 사람은 안전한 사람이 아니에요.

 어떤 때든 자기 감각을 믿어도 되는군요.

 맞는 말씀이에요. 그리고 상담 중에 들은 조언을 전 부 받아들일 필요는 없어요. 언제나 맞는 조언이란 없으니까요. 그 조언을 따를지 말지는 고민을 털어

놓은 사람이 정하면 됩니다. 저마다 다른 타이밍과
사정이 있으니까요.

 상담하는 것이 왜 중요한지 잘 알았어요. 이야기를
한 후 '괜한 말을 했나?' 부담을 느끼는 사람이 아니
라, 안심하고 내 얘기를 털어놓을 수 있는 사람이 있
으면 좋겠네요. 제게도 그런 사람이 있다면 얼마나
좋을까요?

 그런 사람과 만났다면 인생의 보물을 찾았다고 할 수
있어요. 고민이나 문제를 혼자 끌어안는 건 한계가
있습니다. 제대로 이야기를 들어주는 사람은 반드시
어딘가에 있으니까, 초조해하지 말고 찾아보세요.

말을 건 다음에는 기다릴 뿐

 반대로 상담을 듣는 위치가 될 때도 있어요. 선생님
은 상담사니까 타인의 이야기를 들을 때가 많을 텐
데, 특별히 주의하는 점이 있나요? 저처럼 고민을 털
어놓는 것을 어려워하는 사람도 있을 텐데요.

특히 학교 상담사로 일할 때는 '상담실이라고 꼭 고민을 털어놓아야 하는 건 아니니까 하고 싶은 말이 있으면 아무 때나 오세요'라든가 '아무도 안 오면 쓸쓸하니까 언제든 대화를 나누러 오세요'라고 학생들에게 말하곤 하죠.

 그럼 자기에 대해 털어놓나요?

 아뇨. 처음에는 잘 이야기하지 않아요. 누구나 고민을 이야기할 때는 긴장하니까요. 하지만 상담실에 와 주었다는 건 '다른 사람한테 말해 볼까' 하고 생각했다는 거니까, 그 마음이 꺾이지 않게 우선은 잘하는 것이나 좋아하는 것을 물어보면서 가볍게 수다를 떠는 분위기를 만들려고 노력해요.

 갑자기 '넌 무슨 고민이 있니?' 하고 물으면 경계할 것 같아요.

 그래요. 고민이나 문제를 직접 묻지 않으려고 해요. 조금씩 긴장이 풀리기 시작하면 '사실은……' 하면서 가슴 속 이야기를 꺼내놓거든요.

조금씩, 조금씩 다가가는 게 중요하군요.

 네. 절대로 억지로 고민을 끌어내려 하지 않아요. 중요한 것은 고민을 털어놓는 사람이 망설이면서도 '다른 사람한테 말해 보자'고 스스로 결정하는 거예요. 상담하러 온 사람에게 '말해 보자'는 마음이 없으면 이쪽이 무슨 말을 해도 가닿지 않으니까요.

 저도 생각나는 게 있어요. 상담은 아니었는데, 고등학교 시절 스트레스 때문에 피부 트러블이 심해서 엄마가 억지로 피부과에 데려가려고 한 적이 있거든요. 정말 화가 나서 엄마가 말리는 것도 뿌리치고 그대로 집까지 걸어서 돌아왔어요. 엄마가 나를 걱정해서 그러는 걸 머리로는 알고 있으면서도 마음의 준비가 되어 있지 않으면 귀에 하나도 안 들어오는 거죠…….

 어머니 심정도 이해는 돼요. 하지만 당사자 마음속에 '가 볼까?' 하는 의욕이 생겨야 비로소 행동할 수 있죠.

그렇다면, 고민을 안고 있는 사람에게 해줄 수 있는
건, '이런 방법이 있는데 어때?'라거나 '무슨 일이 있
으면 언제든 말해' 하고 말을 걸고, 그다음은 기다리
는 것뿐인가요……?

 그래요. 주위의 격려에 어떻게 반응할지는 어디까지
나 고민을 안고 있는 사람이 결정할 일이에요. 유명
한 말이 있죠. 말을 물가에 데려갈 수는 있어도 억지
로 물을 마시게 할 수는 없다고요. 사람도 마찬가지
예요.

 그렇구나. 안내는 할 수 있어도 물을 마실지 말지는
당사자가 결정할 일!

 지난번에 했던 경계에 관한 이야기하고도 이어져요.
특히 부모님이나 선생님, 선배처럼 도와주는 위치에
있는 사람들은 주의할 필요가 있어요. 경험이나 지
식이 상대보다 풍부하니까 '이렇게 하면 되는데 왜
안 하니?' 혹은 '이렇게 하면 효율적인데 왜 자꾸 돌
아가는 거야?'라는 생각에 자기도 모르게 간섭하죠.
격려받은 다음 어떻게 할지는 상대가 정할 일이에

요. 그 지점에 정확히 선을 긋고 나의 가치관이나 사고방식을 강요하지 말아야 해요.

 어렵네요. 하지만 조금씩 연습해 봐야겠어요.

 네, 조금씩 조금씩 해도 된답니다. 인간관계는 골치 아프지만, 우리가 힘을 얻을 수 있는 것도 역시 인간관계에서죠. 누군가의 고민을 듣고, 누군가에게 고민을 털어놓으면서 서로가 서로에게 버팀목이 되어서 살아갈 수 있다면 참 멋질 거예요.

 정말 그래요. 선생님, 감사합니다.

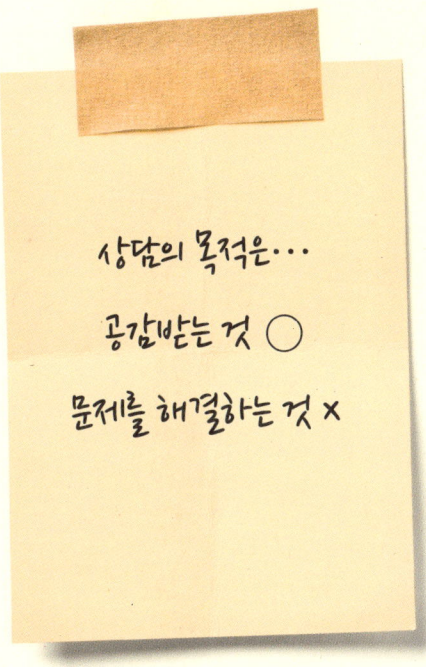

상담의 목적은···

공감받는 것 ○

문제를 해결하는 것 ×

마음의 기술 15
혼자서 고민을 끌어안지 말고, 안전한 사람에게 이야기해 본다.

마음을 지키는 15가지 기술

이제까지 소개한 마음의 기술을 한눈에 볼 수 있게 정리했습니다.
생각날 때마다 마음에 새겨 보세요.

1. 과거를 돌아보며 내가 얼마나 성장했는지 실감한다.

2. 작은 노력을 찾아 그때그때 칭찬해 준다.

3. 자신의 강점도 약점도 모두 받아들인다.

4. 남의 평가에 휘둘리지 말고 내게 중요한 것은 무엇인지,
   내 마음속을 들여다본다.

5. 좋아하는 일에 몰두한다.

6. 자신에게 휴식을 허락하고 떳떳하게 쉰다.

7. 상대의 사정을 상상해 본다.

8. 대하기 힘든 사람이 있으면 말없이 도망친다.

9. 악의가 담긴 말은 무시한다.

10. 현재 있는 곳이 불편하다면 다른 세계로 눈을 돌려 보자.

11. 부모님의 말은 골라 들어도 된다.

12. 내 인생은 부모님이 아니라 내가 선택한다.

13. 서로의 경계를 의식하면 갈등이 줄어든다.

14. 내 경계선 안에서 지금 일어나는 일에 집중한다.

15. 혼자서 고민을 끌어안지 말고, 안전한 사람에게 이야기해 본다.

나오며

마지막까지 읽어주셔서 감사합니다.

소개해 드린 '나의 마음을 지키는 기술'은 지식으로 배우기만 해도 효과가 있지만, 다음과 같은 순서로 연습하면 훨씬 더 큰 효과를 발휘합니다.

① 지식으로 배운다(여러분은 지금 이 단계입니다).
② 나에게 부족한 '마음의 기술'을 하나 고른다.
③ 그것을 매일 생활 속에서 의식한다.
④ 의식만 하지 말고, 실천해 본다.
⑤ 여러 번 반복한다.

③ '매일 생활 속에서 의식한다'는 이 책을 덮은 후 자신감을 잃는 일이 생기거나 누군가와 갈등을 겪을 때 '아, 그 책에 쓰여 있던 거다!' 하고 깨닫는 것에서 시작합니다.

이렇게 깨닫기만 해도 지금까지는 10 정도의 스트레스가 8이나 7 정도로 줄어들 수 있습니다. 그리고 ④ '실천'해 보면 더 효과를 느낄 수 있을 겁니다.

나아가 ⑤ '반복'하면, 처음에는 어색했던 것이 점점 익숙해집니다. 그러면 그 마음의 기술이 여러분에게 '살아갈 힘'으로 정착되었다고 할 수 있습니다. 학교 상담사로서 다양한 청소년들과 만나 공감했던 수많은 이야기를 이 책에 집대성했습니다.

이 책을 만드는 과정에서 몇 번씩 원고를 다시 읽으며 무엇보다 제 기분이 밝아지는 것을 느꼈습니다. 제가 한 말에 저 자신이 치유받는, 그런 신비한 감각이었습니다. 이런 느낌을 여러분과 나누고 싶습니다.

이 책의 편집자이자 등장인물이기도 한 PHP연구소의 구와타 가즈야 님에게 큰 도움을 받았습니다.

정말 즐거운 대화였습니다. 감사합니다.

옮긴이 송지현

한국외국어대학교 일본어과 졸업 후 동대학교 일어일문학과 석사과정을 수료했으며, 도쿄대학교 대학원 인문사회계연구과(일본문화연구 전공) 석사 학위를 취득했다. 현재 번역 에이전시 엔터스코리아에서 출판기획 및 일본어 전문 번역가로 활동하고 있다. 역서로『노력이 재능이라면』『끝까지 해내는 아이의 50가지 습관』『정의감 중독 사회』『10대를 위한 관계 수업』『오늘도 고바야시 서점에 갑니다』『마음의 병에 걸리는 아이들』『생각 비우기 연습』『어른의 말센스』『어린이 철학 카페』『어떤 전쟁』『올빼미 연구 노트』등이 있다.

20년 학교 상담사의 현실적인 마음 처방전!

10대부터 마음을 지키는 연습

1판 1쇄 발행 2026년 3월 30일   지은이 다니모토 에미
                                  옮긴이 송지현
                                  그림   아난다
                                  마케팅 용상철
                                  인쇄   도담프린팅

펴낸이 백지선
펴낸곳 또다른우주
등록   제25100-2025-0000023호(2021년 5월 17일)
전화   02-332-2837
팩스   0303-3444-0330
이메일 anotheruzu@naver.com
블로그 blog.naver.com/anotheruzu

ISBN 979-11-93281-16-1 03180